AF361075

CATALOGUE

DE LIVRES

RARES OU CURIEUX

EN VENTE

AUX PRIX MARQUÉS

PARIS

THÉOPHILE BELIN, LIBRAIRE

29, Quai Voltaire, 29

—

NOVEMBRE 1901 — N° 263

2548. Adimari (Aless.). La Polinnia, overo cinquanta sonetti. *Firenze, Pietro Cecconcelli*, 1628 ; pet. in-4, titre gravé, vélin. 12 fr.

2549. Aguesseau (le Chancelier d'). Œuvres complètes. *Paris, Fantin*, 1819 ; 16 vol. in-8, demi-rel. veau fauve (*Brigandat*). 30 fr.

Portrait gravé par *Dien*, d'après *Tournière*.

2550. Allen (C.-F.). Histoire de Danemark depuis les temps les plus reculés jusqu'à nos jours avec une bibliographie et des tables généalogiques, traduit par E. Beauvois et enrichi de trois cartes en couleur. *Copenhague, Host et fils,* 1878 ; 2 vol. in-8, demi-rel. chagr. rouge, dos orné. 12 fr.

Excellent ouvrage plein de recherches érudites et consciencieuses.

2551. Alletz. L'Albert moderne, ou nouveaux secrets et procédés utiles ou curieux, pour l'entretien de la beauté et de la santé, la guérison des maux et maladies, la conservation et les diverses préparations des alimens et des boissons. *Paris, Duchesne,* 1793 ; 3 vol. in-12, demi-rel. basane. 10 fr.

Curieux traité d'économie domestique, orné de 3 figures en taille-douce.

2552. Almanach. Hommage aux dames. *Paris, Janet,* 1817 ; pet. in-12, cart., tr. dor. 10 fr.

Titre gravé et 6 jolies figures reproduisant des tableaux de maître. A la fin 6 pages gravées avec encadrement pour le *Souvenir*.

2553. Almanach. Parterre de Flore, avec 12 gravures coloriées. *Paris, Janet,* 1820 ; pet. in-12, cart., tr. dor., étui. 15 fr.

Titre gravé et 12 planches finement coloriées. Le cartonnage avec dent. et ornem. dorés est de la plus grande fraîcheur.

2554. Amérique du Nord pittoresque (Etats-Unis et Canada). Ouvrage rédigé par une réunion d'écrivains américains sous la direction de W. Cullen Bryant, traduit, revu et augmenté par B.-H. Révoil. *Paris, Quantin,* 1880 ; in-4, demi-rel. mar. rouge, plats toile gaufrée, tr. dor. 25 fr.

Très bel ouvrage dont l'illustration comprend plus de 300 gravures sur bois, exécutées d'après nature, par des artistes américains. Publié à 50 fr.

2555. Amicis (Edmondo de). Le Maroc, traduit de l'italien avec l'autorisation de l'auteur, par Henri Belle. *Paris, Hachette,* 1882 ; in-4, br. 20 fr.

174 gravures sur bois d'après les dessins de *E. Bayard*, etc.

2556. Anacréon. Odes, traduites en françois, avec le texte grec, la version latine, des notes critiques et un discours sur la musique grecque, par J.-B. Gail. *Paris, imp. de Didot l'aîné* (1799) ; 4 vol. in-18, cart., *non rognés.* 25 fr.

Portrait de Gail en 2 états : eau-forte et terminé, 4 vignettes de *Queverdo* et 27 pages de musique gravée.

2557. Anacréon. Recueil de compositions dessinées par Girodet. Avec la traduction en prose des Odes de ce poète faite également par Girodet. *Paris, Didot,* 1863 ; in-4, cart., *non rogné.* 20 fr.

54 planches au trait.

2558. Anecdotes diverses des règnes de Louis XIV, Louis XV et Louis XVI, en vers, prose, lettres, mémoires, chansons et épigrammes, réunis par un écolier de quinze ans du collège du Plessis-Sorbonne. *Paris,* 1790 ; 2 tomes en 1 vol. in-12, chagr. rouge, tête dor., *non rogné.* 15 fr.

On trouve dans ce recueil nombre de pièces satiriques et autres fort intéressantes.

2559. Annales sainctes depuis la création du monde jusqu'à la passion de Jésus-Christ. Grand in-4, mar. rouge, dos orné, fil. (*Rel. anc.*). 75 fr.

Manuscrit d'une bonne écriture du XVIIe siècle de 631 feuillets. Il s'arrête au règne de Salomon. Exécuté pour Henry d'Escoublau de Sourdis, archevêque de Bordeaux (dont le monogramme orne le dos de la reliure), il passa à Charles d'Escoubleau qui fit frapper ses armes en or sur les plats du volume. Il devint ensuite la propriété du marquis de Courtanvaux dont le cachet de bibliothèque se voit au début et à la fin du manuscrit.

2560. Anquetil. Vie du maréchal duc de Villars, écrite par luimême et donnée au public par M. Anquetil. Seconde édition. *Paris, Bossange,* 1792 ; 4 vol. in-12, portr., br. 12 fr.

2561. Apologie des Dames appuyée sur l'histoire par M. de *** (Mme Galien, de Château-Thierry).

Achat de Bibliothèques

Paris, Didot, 1737 ; in-12, veau, dos orné (*Rel. anc.*).   8 fr.

2562. Apologie pour l'ordre des Francs-Maçons par Mʳ N***. *La Haye, Gosse,* 1785 ; in-8, front., demi-rel. veau.   8 fr.

Curieux frontispice en taille-douce.

2563. Arago (François). Astronomie populaire. *Paris, Baudry,* 1854 ; 4 vol. in-8, fig., br.   10 fr.

Un des meilleurs ouvrages sur l'Astronomie.

2564. Arbouville (Mᵐᵉ d'). Poésies et Nouvelles. *Paris, Amyot,* 1855; 3 vol. in-8, demi-rel. chagr. noir, *non rognés.*   5 fr.

2565. Arioste. Roland furieux, poème héroïque. Traduction nouvelle par le Cᵗᵉ de Tressan. *Paris, Laporte, s. d.;* 4 vol. in-8, basane, dos orné, tr. dor. (*Rel. anc.*). 15 fr.

Portrait et figures de *Cochin.*

2566. Arsenius. Scholia græce in septem Euripidis tragœdias ex antiquis exemplarib. ab Arsenio archiepiscopo Monembasiæ collecta, nuncque denuo multo quàm antea emendatiora in lucem edita. *Basileæ, per Joannem Hervagium,* 1544 ; in-8, veau fauve, comp. de fil., tr. dor. (*Rel. anc.*).   25 fr.

Bel exemplaire aux armes de Jean BRINON DE VILLAINES et au chiffre de Florent CHRESTIEN, précepteur de Henri IV, avec sa devise : *Espoir me tormente.*

2567. Aubigné (Agrippa d'). Œuvres complètes, publiées d'après les mss. originaux , par MM. Eug. Réaume et de Caussade. *Paris, Alph. Lemerre,* 1873-1877 ; 2 vol. in-8, br.   8 fr.

Tomes I et II. Papier vergé.

2568. Audiffret (Marquis d'). Système financier de la France. *Paris, Guillaumin,* 1854; 5 vol. in-8, demi-rel. chagr. brun.   15 fr.

2569. Augier (Émile). Théâtre complet. *Paris, Calmann Lévy,* 1890 ; 7 vol. in-18, cart. toile, *non rognés.*   25 fr.

Exemplaire à l'état de neuf.

2570. Aulus Gellius luculentissimi scriptoris Noctes atticæ. *Apud Seb. Gryphium Lugduni,* 1550 ; in-8, veau fauve, dos orné (*Rel. anc.*). 15 fr.

Belle édition imprimée en caractères italiques. Sur le titre cachet de la bibliothèque Paul Chéron.

2571. Aviceptologie française ou traité général de toutes ruses dont on peut se servir pour prendre les oiseaux qui se trouvent en France, par M. B*** (P. Bulliard). *Paris, Didot le jeune,* 1778; in-12, cart. toile, *non rogné.*   18 fr.

Frontispice et 35 planches représentant les engins à employer.

2572 Avrillion (Mˡˡᵉ). Mémoires de Mademoiselle Avrillion, première femme de chambre de l'impératrice, sur la vie privée de Joséphine, sa famille et sa cour. *Paris, Ladvocat,* 1833 ; 2 vol. in-8, br. 10 fr.

2573. Barbaro (Daniel). La Pratica della Perspectiva. *Venetia, appr. Camillo et Rutilio Borgominieri;* pet. in-fol., fig., vélin. 20 fr.

Figures sur bois.

2574. Barbier (Ant.-Alex.). Dissertation sur 60 traductions françaises de l'Imitation de Jésus-Christ. *Paris, Lefèvre,* 1812 ; in-12, demi-rel. mar. rouge, *non rogné.*   10 fr.

Bonne bibliographie raisonnée.

2575. Barclaii (Jo.) Argenis. Editio novissima, cum clave, hoc est nominum propriorum elacidatione hactenus nondum edita. *Ludgd. Bat., ex officina elzeviriana,* 1630; pet. in-12, mar. rouge, dos orné, fil. à froid, tr. dor. (*Rel. anc.*). 25 fr.

Deuxième édition, sous cette date, en 390 pp. et 3 ff. d'index. Elle se distingue par l'en-tête dit à la Sirène noire. Haut. 116 mm. — Raccommodage au titre.

2576. Barre (le P.). Vie de M. le marquis de Fabert, maréchal de France. *Paris, Hérissant,* 1752 ; 2 vol. in-12, mar. rouge, dos ornés, fil., tr. dor. (*Rel. anc.*).   120 fr.

Joli portrait de Fabert, gravé par *Daullé.* Aux armes du duc D'HARCOURT.

2577. Basnage. Le Grand Tableau de l'univers , dans lequel sont peints les événemens depuis la création jusqu'à la fin de l'apocalypse, représentés en figures par Rom. de Hooje, accompagnés de discours. *Amsterdam,* 1714 ; in-fol., veau, orn. sur les plats. 30 fr.

Portrait, frontispice colorié, cartes et planches. Reliure un peu fatiguée.

2578. Batailles du Ciel. Manuscrit d'un vieux celte. *Paris, Chamuel,*

Et de Livres anciens et modernes

1892; 2 vol. in-8, cart., *non rognés* (*Lemardeley*).   5 fr.

2579. **Batteux** (L'abbé). Principes de la Littérature. Nouvelle édition. *Paris, Desaint et Saillant,* 1764 ; 5 vol. in-12, veau, dos orné. 15 fr.

> Ex-dono frappé sur les plats aux armes de Jean de BERBISEY, premier président au Parlement de Bourgogne.

2580. **Beaumarchais.** Le Barbier de Séville. *Paris, Quantin ;* in-12, demi-percal. avec coins, *non rogné,* couv.   7 fr.

> 5 eaux-fortes de Valton gravées par *Abot.*

2581. **Beaumarchais.** Le Mariage de Figaro. *Paris, Quantin,* 1884 ; in-12, demi-percal. avec coins, non rog., couv.   7 fr.

> 5 eaux-fortes de *Valton,* gravées par *Abot.*

2582. **Beaumont,** de **Genlis,** de **Fiévée** et de **Duras** (Mmes de). Œuvres. *Paris, Garnier,* 1865 ; in-8, br.   3 fr.

> Gravures sur acier d'après *Staal.*

2583. **Beauvau.** Mémoires du Marquis de Beauvau, pour servir à l'histoire de Charles IV, duc de Lorraine et de Bar. *Cologne, Pierre Marteau,* 1690 ; in-12, veau (*Rel. anc.*).   7 fr.

2584. **Beeverell** (James). Les Délices de la Grand'Bretagne et de l'Irlande ; où sont exactement décrites les antiquitez, les provinces, les villes, les bourgs, abbayes, églises, collèges, palais, etc. *Leide, Pierre Vander Aa,* 1707 ; 8 vol. in-12, veau fauve, dos orné, fil. (*Rel. anc.*).   100 fr.

> Frontispices, 211 planches et cartes en taille-douce.

2585. **Belon** (Pierre). L'Histoire de la nature des Oiseaux, avec leurs descriptions et naïfs portraicts, retirez du naturel. *Paris, Gilles Corrozet,* 1555 ; pet. in-fol., fig., demi-rel. bas.   35 fr.

> Portrait de l'auteur et figures d'oiseaux gravées sur bois.
> A la page 105 se trouve un chapitre traitant « des oyseaux de proye servants à la Fauconnerie ». — Taches de rousseur.

2586. **Berbiguier.** Les Farfadets, ou tous les démons ne sont pas de l'autre monde. *Paris, l'auteur,* 1821 ; 3 vol. in-8, demi-rel. basane. 15 fr.

> 8 lithographies.
> Lorédan Larchey a consacré à Berbiguier, de terre neuve du Thym, une de ses notices humoristiques dans ses « Gens singuliers » publiés en 1867.

— Le même. *Paris,* 1821 ; 3 vol. in-8, br.   15 fr.

2587. **Bernard** (Aug.). Geofroy Tory, peintre et graveur, premier imprimeur royal, réformateur de l'orthographe et de la typographie sous François Ier. *Paris, Tross,* 1865 ; in-8, br.   3 fr. 50

2588. **Bernard.** Œuvres. Seule édition complète, et la première faite sur les manuscrits autographes de l'auteur, la plupart inédits. *Paris, Buisson,* 1803 ; 2 vol. in-8, demi-rel. mar. brun, tête rouge, *non rognés.*   8 fr.

2589. **Berthoud** (Ferdinand). Essai sur l'horlogerie ; dans lequel on traite de cet art relativement à l'usage civil, à l'astronomie et à la navigation, en établissant des principes confirmés par l'expérience. *Paris, Jombert,* 1763 ; 2 vol. in-4, veau, dos ornés, tr. r.   35 fr.

> Orné de 38 planches en taille-douce dessinées par *Goussier* et gravées par *Choffard.*

2590. **Besneray** (Marie de). Les Grandes époques de la Peinture. *Paris, Delagrave,* 1884 ; in-8, br.   2 fr. 50

> Gravures sur bois.

2591. **Binet** (Etienne). Essay des Merveilles de nature et des plus nobles artifices, pièce très nécessaire à tous ceux qui font profession d'éloquence, par René-Francois (le P. Est. Binet). Seconde édition, revue, corrigée et augmentée par l'autheur. *Rouen, Romain de Beauvais,* 1622 ; in-4, demi-rel. veau marbr., dos orné.   10 fr.

> Frontispice par *Briot* et figures sur bois dans le texte. — Le titre et le frontispice sont légèrement plus courts.

2592. **Biographie** universelle ou dictionnaire historique depuis le commencement du monde jusqu'à nos jours, par une Société de gens de lettres. *Paris, Furne,* 1833 ;

6 vol. in-8, demi-rel. veau fauve, dos orné. 25 fr.

Un des meilleurs ouvrages de biographie connus.
Nombreux portraits lithographiés par *Delpech*, avec signature en fac-simile d'autographe des personnages représentés.

2593. Blason. Armorial des familles flamandes et françaises. *S. l. n. d.;* pet. in-fol., vél. 400 fr.

Manuscrit du XV° siècle sur papier contenant 127 feuillets ornés d'environ 400 blasons coloriés.

2594. Blason. Livre de Blazons fait sous Charles IX en 1572. Pet. in-4, velours rouge, tr. dor. 600 fr.

Joli manuscrit du XVI° siècle sur vélin de 67 feuillets réglés, contenant 238 blasons finement coloriés, avec l'arbre généalogique de la maison de Bonneval au dernier feuillet.
On y trouve « les escus et armoiries des Roys et Messeigneurs, fils de France, princes de leur sang et autres princes, seigneurs gentilshommes et officiers ».
Les armoiries des plus nobles familles françaises figurent donc dans ce précieux volume : elles sont enluminées au naturel avec autant d'art que de goût. L'explication des armes accompagne chaque blason.
Ce manuscrit, d'une conservation parfaite, est du plus grand intérêt pour l'art héraldique.

2595. Blason. Traité de l'honneur ou abrégé méthodique de la science du blazon, par F. B. (Bourtyl d'Autry), 1700 ; in-folio, veau. 120 fr.

Manuscrit du XVII° siècle de 58 feuillets, sur papier.
Les armes de l'auteur sont sur le titre. Celles qui sont dans le corps du volume sont coupées dans quelque ouvrage imprimé, probablement Menestrier ou Chevillart et collées à leurs places respectives.

2596. Blaze (Elzéar). Le Chasseur au chien courant, contenant les habitudes, les ruses des bêtes ; l'art de quêter, de les juger et de les détourner, etc. *Paris, l'auteur,* 1838 ; 2 vol. in-8, demi-rel. dos et coins de mar. brun, *non rognés*. 25 fr.

2597. Boccace. Genealogia de gli Dei i quin deci libri di M. Giovanni Boccaccio sopra la origine et discendenza di tutti gli Dei de'gentili, con la spositione e sensi allegorici delle favole. Tradotti et adornati per Messer Giuseppe Betussi da Bassano. Aggiuntavi la vita del Boccaccio. *Vinegia, Comino, da Trino di Monferrato,*

1547 ; in-4, vélin à recouvrements (*Rel. anc.*). 50 fr.

Bel exemplaire du premier tirage de cette traduction italienne de la Généalogie des Dieux.

2598. Boileau. Œuvres poétiques. *Parme, Bodoni,* 1814 ; 2 vol. in-fol., mar. rouge, dos ornés, compart. de fil., fleurons aux angles, tr. dor. (*Héring*). 120 fr.

Magnifique édition supérieurement imprimée par Bodoni sur GRAND PAPIER VÉLIN, et superbement reliée par Héring dont l'étiquette se trouve collée sur la première garde.
Armoiries sur les plats.

2599. Bolsec (Hierosme-Hermes). Histoire de la vie, mœurs, actes, doctrine, constance et mort de Jean Calvin, jadis ministre de Genève, publiée à Lyon en 1577, rééditée par L. F. Chastel. *Lyon, Scheuring,* 1875 ; in-8, cart., *non rogné*. 8 fr.

2600. Bonald (de). Pensées sur divers sujets et discours politiques. *Paris, Le Clere,* 1817 ; 2 vol. in-8, cart. 6 fr.

2601. Bonjean. Du pouvoir temporel de la papauté. *Paris,* 1862 ; gr. in-8, br. 4 fr.

Grand papier vélin.

2602. Bonne. Atlas moderne ou Collection de Cartes sur toutes les parties du globe terrestre. *Paris, Lattré et Delalain,* 1772 ; pet. in-fol., cart. 40 fr.

Edition avec une nouvelle numérotation des planches comprenant un titre par *Monnet*, un avertissement et une table gravés, 76 cartes par *Bonne, Janvier* et *Zannoni* avec très beaux cartouches par *Marillier, Choffard* et *Arrivet*.

2603. Borromée. Régénération de la peinture à Fresque par des procédés équivalents à ceux des anciens, système complété par des recherches sur les principales causes d'avaries de la peinture murale et de la peinture sur toile et sur panneau. *Paris, F. Didot,* 1861 ; in-fol., demi-rel. chag., plats toile, tr. dor. 8 fr.

4 planches.

2604. Bossuet. Conférence avec M. Claude, ministre de Charenton, sur la matière de l'Eglise, par Messire Jacques-Bénigne Bossuet. *Pa-*

Et de Livres anciens et modernes

ris, *Séb. Mabre-Cramoisy*, 1682 ; in-12, veau.   10 fr.

ÉDITION ORIGINALE.

2605. **Bossuet** (Jacques-Bénigne). Défense de l'histoire des Variations contre la réponse de M. Basnage, ministre de Roterdam. *Paris, J. Anisson*, 1691 ; in-12, veau. 8 fr.

ÉDITION ORIGINALE. Cachet sur le titre.

2606. **Bossuet**. Traitez du libre-arbitre et de la concupiscence. *Paris, B. Alix*, 1731 ; in-12, veau. 8 fr.

PREMIÈRE ÉDITION.
Ce traité du libre-arbitre est suivi du traité de la Concupiscence. Signature sur le titre.

2607. **Bouchet** (Guillaume). Les Serées de Guillaume Bouchet, sieur de Broncourt, divisées en trois livres. Dernière édition. *Lyon, Pierre Rigaud*, 1615 ; 3 tomes en 2 vol. in-12, veau.   30 fr.

2608. **Bouillet**. Dictionnaire universel d'Histoire et de Géographie. *Paris, Hachette*, 1874 ; in-8, br. 8 fr.

2609. **Brazier**. Histoire des petits Théâtres de Paris, depuis leur origine. *Paris, Allardin*, 1838 ; 2 vol. in-16, br.   6 fr.

Taches.

2610. **Briand** et **Chaudé**. Manuel complet de Médecine légale ou résumé des meilleurs ouvrages publiés jusqu'à ce jour sur cette matière et des jugements et arrêts les plus récents. *Paris, Baillière*, 1863 ; gr. in-8, demi-rel. veau fauve. 5 fr.

Figures dans le texte et hors texte.

2611. **Brianville** (Oronce Finé de). Histoire sacrée en tableaux, pour Mgr le Dauphin. Avec leur explication suivant le texte de l'écriture, et quelques remarques chronologiques. *Paris, Charles de Sercy*, 1693 ; 3 vol. in-12, veau (*Rel. anc.*).   50 fr.

Ouvrage illustré de charmantes et nombreuses figures de *Sébastien Le Clerc*.

2612. **Brillat-Savarin**. Physiologie du goût ou méditations de gastronomie transcendante. *Paris, Tessier*, 1838 ; 2 vol. in-8, cart., *non rognés*.   10 fr.

2613. **Broglie** (Abbé de). Le Positivisme et la science expérimentale. *Paris*, 1880 ; 2 vol. in-8, br. 7 fr.

2614. **Buffon**. Œuvres complètes avec des extraits de Daubenton et la Classification de Cuvier. *Paris, Furne*, 1864 ; 2 vol. gr. in-8, portr., br.   5 fr.

Tomes I et II, contenant la Théorie de la Terre.

2615. **Bussy-Rabutin**. Discours du comte de Bussy-Rabutin à ses enfans, sur le bon usage des adversitez et les divers événemens de sa vie. *Paris, Anisson*, 1694 ; in-12, veau.   15 fr.

ÉDITION ORIGINALE.

2616. **Bussy-Rabutin**. Les Lettres de Messire Roger de Rabutin, comte de Bussy, lieutenant général des armées du Roi. *Paris, Florentin et Pierre Delaulne*, 1697 ; 4 vol. in-12, bas.   20 fr.

ÉDITION ORIGINALE.

2617. **Callières**. De la Manière de negocier avec les souverains, ou de l'utilité des negociations, du choix des ambassadeurs et des envoyés, et des qualités nécessaires pour réussir dans ces emplois. Nouvelle édition. *Ryswick*, 1757 ; 2 vol. in-12, demi-rel. dos et coins de mar. vert, dos orné, tête dor., *non rognés* (*Petit-Simier*). 15 fr.

Bel exemplaire.

2618. **Campan** (Mme). Mémoires sur la vie privée de Marie-Antoinette, reine de France et de Navarre ; suivis de souvenirs et anecdotes historiques. Cinquième édition. *Paris, Baudouin*, 1823 ; 4 vol. in-12, portr., br.   15 fr.

2619. **Campion** (l'abbé Nic. de). Entretiens sur divers sujets d'histoire, de politique et de morale. *Paris, Fl. Delaulne*, 1704 ; 2 tomes en 1 vol. in-12, mar. citron, dent., tr. dor.   8 fr.

Reliure ancienne.

2620. **Cantrel** (Emile). Nouvelles à la main sur la comtesse du Barry, trouvées dans les papiers du comte de ***. *Paris, Plon*, 1861 ; in-8, portr., demi-rel. veau fauve. 4 fr.

Les feuillets 227 à 238 sont manuscrits.

2621. **Capefigue**. L'Europe depuis l'avénement du roi Louis-Philippe, pour faire suite à l'histoire de la Restauration, du même auteur.

Paris, 1845-1846 ; 10 vol. in-8,
cart. 10 fr.
Taches de rousseur.

2622. Capefigue. Histoire de la Ré-
forme, de la Ligue et du règne de
Henri IV. *Paris, Dufey,* 1834 ;
8 vol. in-8, cart. toile. 12 fr.

2623. Carlevariis (de). Le Fabriche,
e vedute di Venetia, disegnate et
intagliate da Luca de Carlevariis.
In Venetia, Finazzi, s. d. (1703) ;
in-fol. obl., veau, dos orné. 100 fr.
Frontispice et 103 vues de Venise, gravées en taille-douce par *Luca de Carlevariis.*

2624. Caroline, princesse de Galles.
Mémoires de la princesse Caroline,
adressés à la princesse Charlotte,
sa fille ; publiés par Th. Ashe.
Traduit de l'anglais sur la quatrième
édition (par Picot, de Montpellier).
Paris, Dentu, 1813 ; 2 vol. in-8,
portr., demi-rel. basane. 5 fr.

2625. Cartari (Vincenzo). Le Ima-
gini dei Dei de gli antichi, nelle
quali si contengono gl'idali, riti,
ceremonie et altre cose apparte-
nenti alla religione de gli antichi.
Venetia, presso Francesco Ziletti,
1580 ; in-4, vélin. 20 fr.
Figures sur cuivre de *Bolognino Zal-
tieri.*

2626. Catalogue raisonné des es-
tampes gravées à l'eau-forte par
Guido Reni et de celles de ses dis-
ciples Simon Cantarini dit le Pe-
sarese, Jean André et Elisabeth
Sisani et Laurent Soli, par Adam
Bartsch. *Vienne, Blamanez,* 1795 ;
in-12, cart. 8 fr.

2627. Causes amusantes et connues
(recueillies par Robert Estienne).
A Berlin (Paris), 1769-1770 ; 2 vol.
in-12, veau marbr. (*Rel. anc.*). 15 fr.
Jolies figures gravées en taille-douce.

2628. Cavalleris (J.-B. de). Romanorum Imperatorum effigies. Elo-
giis ex diversis scriptoribus per
Thomam Treterum s. Mariæ. *Romæ,*
1592 ; pet. in-8, vélin. 25 fr.
Titre gravé, pl. d'armoiries et 157 portraits gravés sur cuivre. Titre mutilé et
légère mouillure.

2629. Ceccheregli (Alessandro).
Delle Attioni et sentenze del S.
Alessandro de'Medici, primo duca
di Fiorenza, ragionamento d'Alessandro Ceccheregli fiorentino. *Vi-*

*negia, appr. Gabriel Giolito de
Ferrari,* 1566 ; in-4, demi-rel. veau
fauve. 18 fr.
Bon exemplaire.

2630. Cecilia, ou Mémoires d'une
héritière, par l'auteur d'Evelina
(Miss Burney), traduit de l'anglois
(par Henri Rieu). *Neuchatel, impr.
de la Société typographique,* 1783 ;
5 tomes en 3 vol. in-8, demi-rel.
veau fauve, *non rognés* (*Thouve-
venin*). 15 fr.

2631. Celsus (Aurelius Cornelius).
Medicinæ libri VIII. Quinti Sereni
liber de medicina. Accedit index in
Celsum, et Serenum sane cum co-
piosus (edente J. Egnatio). *Venetiis, in ædibus Aldi et Andr. Asu-
lani soceri,* 1528 ; in-8. de 8 et 164
ff., veau brun, orn. à froid (*Rel.
anc.*). 40 fr.
Belle édition. Exemplaire grand de marges.

2632. César (Jules). C. Julius Cae-
sar, sive historiæ imperatorum
Cæsarumque Romanorum ex antiquis numiematibus restitutæ liber
primus. Accessit C. Julii Cæsaris
vita et resgestæ. Huberto Goltz
Herbipolita Veuloniano auctore et
sculptore. *Brugis Flandrorum,*
1562 ; in-fol., fig., veau brun, comp.,
tr. dor. (*Rel. anc.*). 1,009 fr.
Riche reliure du XVIe siècle à compar-
timents dorés dans le genre de Grolier. Le
dos a été habilement restauré ; les gardes
ont été renouvelées.

2633. Chambre (la) de 1820, ou la
Monarchie sauvée ; galerie politique des 422 députés, par un roya-
liste (Alissan de Chazet). *Paris,
Ponthieu,* 1821 ; in-8, demi-rel.
basane. 4 fr.

2634. Chansonnier historique du
XVIIIe siècle. Publié avec introduction, commentaire, notes et index par Emile Raunié. *Paris, Quantin,* 1879-1884 ; 10 vol. in-12, cart.,
non rognés. 45 fr.
Recueil Clairambault-Maurepas orné de
portraits à l'eau-forte par *Rousselle* et
Rivoalen.

2635. Chantreau le Febvre. Ques-
tion historique, si les provinces
de l'ancien royaume de Lorraine
doivent estre appellées terres de
l'Empire. *Paris, Math. Guillemot,*
1644 ; in-8, veau. 8 fr.

Et de Livres anciens et modernes

2636. Chardin. Voyage en Perse et autres lieux de l'Orient. Nouvelle édition avec notes par Langlès. *Paris, Le Normant,* 1811 ; 10 vol. in-8, br.   25 fr.

Manquent les figures.

2637. Chateaubriant. Mémoires de Messire Jean de Laval, Comte de Chateaubriant, écrits par lui-même en 1538, et publiés pour la première fois. (*Genève, Gay*), 1868 ; pet. in-12, demi-rel. dos et coins de mar. bleu, dos orné, tr. dor. 8 fr.

De la collection des *Gayetés françaises,* tiré à 100 exemplaires sur PAPIER VERGÉ.

2638. Chazet (Alissan de). Mémoires, souvenirs, œuvres et portraits. *Paris, Postel,* 1837 ; 2 vol. in-8, port., cart.   6 fr.

2639. Chénier (Mme). Lettres grecques de Madame Chénier, précédées d'une étude sur sa vie par Robert de Bonnières. *Paris, Charavay,* 1879 ; in-8 carré, br.   4 fr.

Papier vergé. Illustrations de *Dubufe fils.*

2640. Chevigny et de Limiers. La Science des personnes de cour, d'épée et de robe, revue, corrigée et augmentée par P. Massuet. *Amsterdam,* 1752-1757 ; 18 vol. in-12, br.   60 fr.

Cet ouvrage renfermant de nombreuses gravures, traite entre autres matières de l'Art héraldique, de l'Escrime, de l'Equitation, de l'Art militaire, de la Marine, etc.

2641. Choderlos de Laclos. Les Liaisons dangereuses, lettres recueillies dans une société et publiées pour l'instruction de plusieurs autres. *Londres* (*Paris*), 1820 ; 2 vol. in-12, bas. rac., dos ornés.   10 fr.

Orné de 6 jolies figures de *Devéria,* gravées sous la direction d'*Ambroise Tardieu.* Nom effacé à l'encre sur le faux-titre de chaque volume.

2642. Choix de Fabliaux, mis en vers (par Barth. Imbert). *Genève et Paris, Prault,* 1788 ; 2 vol. pet. in-12, 2 front., veau, dos orné, dent., tr. dor. (*Rel. anc.*). 10 fr.

Jolie petite édition.

2643. Cicéron. M. Tulli Ciceronis Epistolæ ad Atticum, ad M. Brutum, ad Quintum fratrem, summa diligentia castigatæ. Pauli Manutii in easdem epistolas scholia, quibus abditi locorum sensus ostenduntur, cum explicatione castigationum. *Parisiis, ex off. Rob. Stephani,* 1543; in-8, réglé, vélin, tr. dor. 25 fr.

Beau volume parfaitement imprimé. Mouillures.

2644. Ciceronis opera. *Lugduni Batavorum. Ex off. Elzeviriana,* 1642 ; 10 vol. pet. in-12, mar. rouge, dos orné, fil., tr. dor. (*Rel. anc.*).   90 fr.

Deux des volumes sont en reliure moderne.

2645. Clerc (Georges). Poésies sentimentales. *Paris, G. Chamerot,* 1890 ; in-8, br.   5 fr.

Ouvrage tiré à 250 exemplaires. Envoi d'auteur.

2646. Clermont - Gallerande (Charles-Georges, marquis de). Mémoires particuliers pour servir à l'Histoire de la Révolution qui s'est opérée en France en 1789. *Paris, Dentu,* 1826 ; 3 vol. in-8, demi-rel. bas.   12 fr.

2647. Collection de planches de médailles frappées sous le règne de Napoléon Ier, gravées au trait par Denon, 1809 ; in-8, cart. 5 fr.

55 planches.

2648. Collection des Poètes françois. *Paris, imp. de Coustelier,* 1723-1724 ; 10 vol. in-12, veau marbré.   60 fr.

Poésies de Coquillart. — La Légende de Pierre Faifeu. — La Farce de Pathelin. — Poésies de Crétin. — Œuvres de Villon, de Marot, de Martial et de Racan.

2649. Colletta (Général). Histoire du royaume de Naples depuis Charles VII jusqu'à Ferdinand IV (1734 à 1825). Traduite de l'italien par Ch. Lefèvre et L. B. (Louis Bellaguet). *Paris, Ladvocat,* 1835 ; 4 vol. in-8, cart., éb., couv. 16 fr.

2650. Colomb (Mme). Franchise. *Paris, Hachette,* 1880; in-8, br. 3 fr.

133 vignettes sur bois par *Delort.*

2651. Colonna (Francesco). Songe de Poliphile, traduction libre de l'italien par J. G. Legrand. *Paris, imp. de Didot l'ainé,* 1804 ; 2 vol. in-12, demi-rel. veau vert, dos orné, *non rognés.*   10 fr.

Bel exemplaire de ce livre tiré à petit nombre sur GRAND PAPIER VÉLIN.

2652. **Columella** (Lucius-Junius-Moderatus). De Re rustica libri XII. Ejusdem de Arboribus liber separatiis ab aliis. *Parisiis, ex off. Roberti Stephani*, 1543 ; in-8, vélin. 35 fr.

> Belle impression en caractères italiques. L'achevé d'imprimer est du 11 des calendes de septembre 1543. — Nom gratté sur le titre.

2653. **Comptes** (les) du Monde adventureux. Texte original avec notice, notes et index, par Félix Frank. *Paris, Alph. Lemerre*, 1878 ; 2 vol. in-12, br. 10 fr.

> Cinquante-quatre récits, parmi lesquels un certain nombre d'historiettes d'importation italienne, dont dix-neuf sont tirés du « Novellino » de Masuccio-Salernitano.

2654. **Coppée** (François). Œuvres. *Paris, Alph. Lemerre, s. d.*, portr.; 10 vol. pet. in-12, br. 30 fr.

> Poésies, 4 vol. (*le tome III manque*). — Théâtre, 4 vol. — Une Idylle pendant le siège ; Contes en prose. — Contes rapides ; Henriette. — Vingt contes nouveaux.

2655. **Corneille** (Pierre et Thomas). Œuvres de P. Corneille. *Paris, Despilly*, 1758, 10 vol. — Œuvres de T. Corneille. *Paris, Despilly*, 1758, 9 vol. Ens. 19 vol. in-12, veau fauve, dos orné. 30 fr.

> Jolie édition.

2656. **Corneille**. Théâtre de Pierre Corneille, avec des commentaies (par Voltaire). *S. l. (Genève)*, 1764 ; 12 vol. in-8, veau, dos ornés, fil., tr. dor. 35 fr.

> Bel exemplaire.

2657. **Corte** (Cl.). Il Cavallerizzo di Claudio Corte da Pavia, nel qual si tratta della natura de cavalli delle razze, del modo di governarli, domarli et frenarli, et di tutto quello, che a cavalli e a buon cavallerizzo s'appartiene. *Venetia, zilletti*, 1573 ; in-4, vélin. 30 fr.

2658. **Cottinet** (Edmond). Les Intermèdes. *Paris, Jouaust*, 1873 ; in-8, dem.-rel. chagr. bleu, tête jasp., *non rogné*. 5 fr.

2659. **Cour** (La) de Hollande sous le règne de Louis Bonaparte. par un auditeur (Ath. Garnier). *Paris, Persan*, 1823 ; in-8, demi-rel. bas. 5 fr.

2660. **Cours gastronomique** ou les diners de Manantville, ouvrage anecdotique, philosophique et littéraire. Seconde édition dédiée à la société épicurienne du caveau moderne, séante au rocher de Cancalle, par feu M. C*** (Cadet-Gassicourt). *Paris*, 1809, in-8, demi-rel. veau vert. 6 fr.

2661. **Coustumier** (le grant) de Bourgongne. Bartholomei a Chasseneo... tertia recognitio commentariorum in Consuetudines ducatus Burgundie precipue : immo et totius pene Gallie secundario. *Parisiis, Fr. Regnault*, 1534 ; in-4, goth. vélin à recouvrements. 120 fr.

> Rare édition de ces coutumes. La collation donnée par Brunet étant incomplète, nous la rétablissons ici : ce volume comprend 4 ff. lim., 312 ff. de texte et 42 ff. (le dernier blanc) pour l'*Index materiarum* avec achevé d'imprimer du 3 octobre 1534. Suit : *la Table des additions du grant coustumier de Bourgongne dernierement imprimée à Lyon l'an 1535*. (A la fin :) Excussum anno ab orbe redempto tricesimo quinto supra sesquimillesimum (1535) die vero 35 decembris, 48 ff. — Le titre des Coutumes est illustré par les portraits de Bartholus, Baldus, Paulus de Castro, Turrecremata, Panormita, Felinus, etc., gravés sur bois. Le titre a été restauré.

2662. **Creuzé de Lesser**. La Chevalerie, ou les histoires du moyen âge, composées de la Table ronde, Amadis, Roland, poèmes sur les trois grandes familles de la chevalerie. *Paris*, 1839 ; gr. in-8, port., demi-rel. chagrin vert. 3 fr. 50

> Texte à 2 colonnes.

2663. **Culte** (Du) des Dieux fétiches, ou parallèle de l'ancienne religion de l'Egypte avec la religion actuelle de Nigritie (par Ch. de Brosses). (*Paris*), 1760 ; in-12, cart., *non rogné*. 10 fr.

> Bel exemplaire.

2664. **Daffry de la Monnoye**. Théorie et pratique de l'expropriation pour cause d'utilité publique. *Paris, Durand*, 1879 ; 2 vol. in-8, br. 5 fr.

2665. **Damhoudère**. Praxis rerum criminalium iconibus materiæ subjectæ convenientibus, pulchrius quam unquam hactenus recognita atque illustrata, multis quoque in contextu doctis additionibus locupletata, prætoribus, proprætoribus, consulibus, proconsulibus, magistratibus, reliquisque id genus justitiariis ac officiariis apprimè utilis et necessaria. *Antverpiæ, apud Joan. Bellerum*, 1562 ; pet. in-4, demi-rel. veau.   50 fr.

Ouvrage illustré de très curieuses figures sur bois représentant les divers crimes et délits commis contre les personnes et la société.

2666. **Dante**. Opere poetiche di Dante Alighieri, con note di diversi. *Parigi, Baudry*, 1836 ; 2 vol. in-8, demi-rel. chagr. bleu.   5 fr.

2667. **De Fer**. L'Atlas curieux ou le Monde dressé et dédié à nos seigneurs les Enfans de France. *Paris, chez de Fer*, 1705 ; in-4 oblong, veau.   30 fr.

Tome 2ᵉ seul, renfermant 200 planches gravées sur cuivre. On y trouve les plans de Londres, de Vienne, de Rome, de Constantinople, d'Amsterdam, etc., dessinés au début du XVIIIᵉ siècle.

2668. **Degousée** et **Laurent**. Guide du Sondeur ou traité théorique et pratique des sondages. *Paris, Garnier*, 1861 ; 2 vol. et atlas in-8, demi-rel. chagr. vert.   12 fr.

60 planches.

2669. **Dejean**. Traité des Odeurs, suite du traité de la distillation. *Paris, Nyon*, 1764 ; in-12, veau marb.   5 fr.

2670. **Délices** (Les) de la Poésie galante, des plus célèbres Autheurs du temps. *Paris, Jean Ribou*, 1666 ; in-12, front., cart. 25 fr.

Recueil intéressant renfermant des poésies légères par l'abbé de Pure. Le Clerc, Boyer, Somaize, Du Val, Brebeuf, etc. On y trouve les 5 stances de Boileau sur l'Ecole des femmes qui furent modifiées depuis.

2671. **Denis** (Ferd.), **Pinçon** et de **Martonne**. Nouveau manuel de Bibliographie universelle. *Paris, Roret*, 1857 ; 3 vol. in-18, cart., *non rognés (Thivet et Durvand)*. 8 fr.

2672. **Denne Baron**. Héro et Léandre, poème en quatre chants, suivi de poésies diverses. Deuxième édition. *Paris, Le Normant*, 1806 ; in-12, fig., cart. *non rogné*.   7 fr.

Imprimé sur papier vélin par P. Didot l'aîné. — Envoi d'auteur.

2673. **Depping** (G.-B.). L'Angleterre ou description historique et topographique du royaume uni de la Grande-Bretagne, par G.-B.

Depping. *Paris, E. Ledoux*, 1824 ; 6 vol. in-12, cart. de l'édit., *non rognés*.   20 fr.

75 figures en taille-douce.

2674. **Désaugiers**. Chansons et poésies diverses, par M. A. Désaugiers. Sixième édition, considérablement augmentée. *Paris, Ladvocat*, 1827 ; 4 vol. in-12, portr., demi-rel. veau violet, dos orné, tr. marbr.   25 fr.

Bel exemplaire.

2675. **Desportes**. Les premières Œuvres de Philippe Desportes. Dernière édition revueue et augmentée. *A Paris, par Mamert Patisson*, 1600 ; pet. in-8, vélin. 100 fr.

Très belle édition imprimée en caractères italiques. Légères mouillures.

2676. **Desportes**. Œuvres de Philippe Desportes. *Paris*, 1858 ; in-12, front. gr., demi-rel. mar. r., *non rogné*.   7 fr.

Exemplaire en GRAND PAPIER VÉLIN. — Taches de rousseur.

2677. **Destailleur** (Hipp.). Notices sur quelques Artistes français : architectes, dessinateurs, graveurs du XVIᵉ au XVIIIᵉ siècle. *Paris, Rapilly*, 1863 ; in-8, br.   5 fr.

Papier vergé.

2678. **Deyeux**. La Chassomanie, poème, compositions de Alfred de Dreux, Beaume, Forest, Foussereau, Provost, Valerio. *Paris, A. Delahays*, 1856 ; in-8, front., demi-rel. chagr. brun, dos orné.   10 fr.

2679. **Deyeux**. Le Vieux Chasseur, ou traité de la chasse au fusil. *Paris, Vᵛᵉ Bouchard-Huzard*, 1844 ; in-16, br.   8 fr.

55 gravures sur acier.

2680. **Dictionnaire** de Médecine usuelle à l'usage des gens du monde, par une Société de membres de l'Institut et de l'Académie de médecine, de professeurs, de médecins, etc., sous la direction du docteur Beaude. *Paris, Didier*, 1863 ; 2 vol. gr. in-8, demi-rel. 8 fr.

2681. **Dieulafoy** (Mᵐᵉ Jane). La Perse, la Chaldée et la Susiane. *Paris, Hachette*, 1887 ; in-4, cart. percal. de l'édit.   30 fr.

336 gravures sur bois d'après les photographies de l'auteur.

Achat de Bibliothèques

2682. **Dinaux** (Arthur). Les Sociétés badines bachiques chantantes et littéraires, leur histoire et leurs travaux, ouvrage posthume revu et classé par Gustave Brunet. *Paris, Bachelin-Deflorenne*, 1867 ; 3 vol. in-8, br.   5 fr.

. Portrait gravé à l'eau-forte par *Staal*.

2683. **Dissertations** mêlées sur divers sujets importans et curieux. (Recueillies par Frédéric Bernard). *Amsterdam, Bernard*, 1740 ; 2 vol. in-12, veau.   8 fr.

Ces deux volumes renferment 10 dissertations ou mémoires sur la religion, l'âme, le martyre, les juifs, etc.

2684. **Diurnale romanum** ad usum fratrum et monialium trium seraphici P. Francisci ordinum, ex decreto sacro-sancti Concilii Tridentini restitutum. *Parisiis, typis Le Mercier*, 1747 ; in-24, mar. rouge, dos orné, dent., tr. dor. (*Rel. anc.*).   20 fr.

2685. **Douze facéties** reproduites en fac-simile, avec une notice bibliographique, l'ordre des cocus réformés et la patente des cocus. *Bruxelles, Gay et Doucé*, 1881 ; gr. in-8, br., figures.   5 fr.

2686. **Du Bled** (Victor). Histoire de la Monarchie de Juillet de 1830 à 1848. *Paris, Dentu;* 2 vol. in-8. 4 fr.

2687. **Duclos** (l'abbé). Dictionnaire bibliographique, historique et critique des Livres rares. *Paris, Cailleau*, 1791, 3 vol. — Supplément. *Paris, Delalain*, 1802, un vol. Ens. 4 vol. in-8, veau marbré.   12 fr.

Le supplément est l'œuvre de J.-Ch. Brunet, qui plus tard devait étendre, améliorer successivement son travail et en faire le meilleur outil du bibliographe et du libraire.

2688. **Dulaure**. Histoire critique de la noblesse, depuis le commencement de la monarchie jusqu'à nos jours. *Paris, Guillot*, 1790 ; in-8, demi-rel. basane.   4 fr.

Ouvrage rare.

2689. **Dulaurens**. Le Compère Mathieu, ou les bigarrures de l'esprit humain. Nouvelle édition ornée de belles figures. *A Malthe, aux dépens du grand maitre*, 1786 ; 4 vol. pet. in-12, veau, tr. dor. 12 fr.

Édition publiée par Cazin, ornée de 12 jolies figures finement gravées, non signées.

2690. **Du Mesnil-Marigny**. Histoire de l'Economie politique des anciens peuples de l'Inde, de l'Egypte, de la Judée et de la Grèce. *Paris, Plon*, 1873; 2 vol. in-8, br. 5 fr.

2691. **Du Moulin** (Ch.). Les Coustumes generales et particulieres de France et des Gaules, augmentées et revues par Gabriel Michel Angevin. *Paris, Sonnius*, 1635 ; 2 vol. in-fol., veau.   30 fr.

Quelques piqûres de vers dans les marges.

2692. **Dumouriez** (Général). Mémoires et correspondance inédits publiés sur les manuscrits autographes. *Paris, Renduel*, 1834 ; 2 tomes en un vol. in-8, demi-rel. veau.   8 fr.

2693. **Duras** (duchesse de). Ourika. *Paris, Ladvocat*, 1824; in-8, demi-rel. mar. rouge, tête dor., *non rogné*.   5 fr.

SECONDE ÉDITION, la première mise dans le commerce. Bel exemplaire.

2694. **Durdent** (R.-J.). Histoire de Louis XVI, roi de France et de Navarre. *Paris, Pillet*, 1817 ; in-8, cart.   4 fr.

2695. **Dussieux**. Géographie générale, contenant la géographie physique, politiqne, administrative, historique, agricole, industrielle et commerciale de chaque pays. *Paris, Lecoffre*, 1866 ; in-8, demi-rel. chagr. vert.   4 fr.

2696. **Ebers** (Georges). L'Egypte, Alexandrie et Le Caire. Traduction de G. Maspéro. Deuxième édition. *Paris, Didot*, 1883 ; pet. in-fol., demi-rel. mar. rouge avec coins, tête dor., *non rogné*.   35 fr.

Jolies illustrations dans le texte et hors texte, aussi nombreuses que variées.

2697. **Ecouteur** (L') aux portes. Petite revue morale et satyrique. *Paris, L. Janet, s. d.*, demi-rel. veau fauve.   5 fr.

Titre gravé et 4 figures.

2698. **Elemens** de Poésie françoise (par l'abbé Claude Joannet). *Paris*, 1752 ; 3 vol. pet. in-12, veau. 7 fr.

Les rédacteurs de l'Encyclopédie ont mis ce petit ouvrage à contribution, sans en citer l'auteur.

2699. **Éloge** des Perruques, enrichi de notes plus amples que le texte, par le docteur Akerlio, *Paris, Maradan (impr. de Crapelet), s. d.;* in-12, demi-rel. veau.   5 fr.

Petit ouvrage dù à la plume du spirituel écrivain Nicolas-Marie de Guerle.

2700. Erasme. La Louange de la Folie, traduit (par Petit) d'un traité d'Erasme intitulé Œncomium moriæ, satyre en prose. *Paris, Jacq. Cottin,* 1670 ; in-16, demi-rel. dos et coins de mar. rouge , dos orné.   15 fr.

Petit volume très rare, l'achevé d'imprimer est du 14 février 1670.

2701. Erasme. L'Eloge de la Folie, composé en forme de déclamation, par Erasme et traduit par M. Gueudeville. Avec les notes de Gérard Listre. Nouvelle édition revue avec soin. *Amsterdam, Fr. L'Honoré,* 1731 ; in-8, veau, dos orné. 10 fr.

Frontispice, portrait et figures d'*Holbein*.

2702. Etat Militaire de France par MM. de Montaudre et de Roussel. *Paris, chez Guillyn ;* in-18, veau. Chaque année   6 fr.

Années 1780, 1787.

2703. Europe (L') esclave, si l'Angleterre ne rompt ses fers. Nouvelle édition. (Par Jean-Paul, comte de Cerdan). *Cologne, Jean l'Ingénu,* 1689 ; pet. in-12 de 72 pp., cart., *non rogné.*   7 fr.

2704. Exegesis historica, non minus æquas quam graves commemorans causas quibus amplissimi ordines regni Sueciæ provocati Sigismundum tertium regem Poloniæ eiusque progeniem... Suecano exuerunt diademate. *Stokholmiæ, ex Molybdographia Gutterviciana,* 1615 ; in-4, veau fauve (*Rel. anc.*).   200 fr.

Aux armes de J.-A. DE THOU et de sa seconde femme, Gasparde de la Châtre. Leur chiffre se trouve répété sur le dos. Rare.

2705. Fabroni (Angelo). Elogi di Dante Alighieri, di Angelo Poliziano, di Lodovico Ariosto, e di Torquato Tasso. *Parma, Bodoni,* 1800 ; in-8, demi-rel. chagr. rouge, *non rogné.*   8 fr.

Papier vergé.

2706. Femmes blondes (les) selon les peintres de l'école de Venise, par deux Vénitiens (Arm. Baschet et Feuillet de Conches). *Paris, Aubry,* 1865 ; in-8, br.   5 fr.

2707. Féminies. Huit Chapitres inédits dévoués à la Femme, à l'Amour, à la Beauté, par Gyp, Abel Hermant, Henri Lavedan, Marcel Schwob et Octave Uzanne. *Paris, Imprimé pour les Bibliophiles Contemporains,* 1896; in-8, mar. citron, compositions de tiges de bluets en mosaïque de mar. vert, la Vallière, grenat et bleu sur le dos et les plats, doubl. et gardes de soie brochée, double encadr. de 3 fil. à l'intér., tr. dor. sur fausses marges, couv. conserv., étui (*Canape*).   800 fr.

Ouvrage tiré à 183 exemplaires numérotés et non mis dans le commerce.
Illustré de 1 frontispice en couleurs par *Kratké* et de 8 frontispices dessinés et gravés à l'eau-forte par *Félicien Rops,* en 2 états; en noir avec remarque et imprimés en couleurs à la poupée.
Encadrements en couleurs et vignettes dans le texte par *Rudnicki*.

2708. Fénelon. Explication des Maximes des Saints sur la vie intérieure, par Messire François de Salignac Fénelon. *Paris, Aubouin,* 1697 ; in-12, veau brun.   18 fr.

Édition originale.

2708 bis. Fénelon. Les Aventures de Télémaque. (*Paris*), *de l'impr. de Monsieur (Didot),* 1785 ; 2 vol. in-4, mar. rouge, dos orné, fil.; tabis, tr. dor. (*Rel. anc.*).   400 fr.

Bel exemplaire, dans une bonne reliure ancienne, de cette édition renfermant 72 jolies figures de *Monnet,* gravées par *Tilard* et 24 planches au burin donnant le sommaire des chapitres.

2709. Fénelon. Ordonnance et instruction pastorale de Mgr l'Archevêque de Cambray, au clergé et au peuple de son diocèse, portant condamnation d'un imprimé intitulé : Cas de Conscience. *Paris, Aubouyn et Emery,* 1704 ; in-12, veau.   15 fr.

2710. Fénelon. Réponses de M. l'archevêque de Cambray à la déclaration de M. l'archevêque de Paris, de M. l'évêque de Meaux, et de M. l'évêque de Chartres, et à l'ouvrage de M. de Meaux, intitulé

Summa. *Bruxelles, E.-H. Fricx,* 1698 ; in-12, veau.   15 fr.

2711. **Fiévée** (J.). Correspondancs administrative commencée au mois de mai 1814. *Paris, Le Normant,* 1816 ; 6 vol. in-8, demi-rel. veau vert, dos orné.   8 fr.

2712. **Fiévée.** Des Opinions et des Intérêts pendant la Révolution. *Paris, Le Normant,* 1809 ; in-8, cart. 4 fr.

2713. **Fiévée.** Histoire de la session de 1717. *Paris,* 1818; in-8, cart. 3 fr. 50

2714. **Filippi** (F. de). Note di un Viaggio in Persia nel 1862. *Milano, Daelli,* 1865 ; in-8, demi-rel. chagrin vert.   3 fr.

2715. **Fillon** (Benjamin). La Galerie de portraits réunie au château de Saumur par Du Plessis Mornay. *Paris, Quantin,* 1879 ; gr. in-8, br.   3 fr.

2716. **Fillon** (Benjamin). Notice des points habités, tenements, lieux dits fontaines, cours d'eau, routes et chemins de la commune de Saint-Cyr-en-Talmondais (Vendée), dont les noms sont caractéristiques. *Chez l'auteur,* 1877 ; in-4, br. 3 fr.

N'a été tiré qu'à 150 exemplaires.

2717. **Flèches** (Les) d'Apollon) ou nouveau recueil d'Epigrammes anciennes et modernes. *Londres (Cazin),* 1787; 2 vol. pet. in-12, bas. 5 fr.

2718. **Fleury** (Claude). Les Devoirs des maistres et des domestiques. *Paris, P. Aubouin,* 1688 ; in-12, veau.   15 fr.

2719. **Foissy.** La Famille Bonaparte depuis 1264 jusqu'à nos jours. *Paris, Vergne,* 1830 ; in-8, br. 4 fr.

Opuscule rare.

2720. **Fontane** (Marius). Histoire Universelle. Les Asiatiques, Assyriens, Hébreux, Phéniciens (de 4000 à 559 av. J.-C.). *Paris, Lemerre,* 1883 ; in-8, br.   3 fr. 50

2721. **Fouquet** (Procès de Nicolas). *Amsterdam, Daniel Elvevir,* 1665-1668 ; 16 vol. pet. in-12, veau fauve.   50 fr.

Cette collection, imprimée par Daniel Elzevier d'Amsterdam, comprend : Traité du péculat, Factums de M. Fouquet, 2 parties (Ces 3 vol. avec titre renouvelé au nom de la V⁺ Cramoisy et la date de 1696).

— Recueil des défenses de M. Fouquet, 2 vol. — De la production de M. Fouquet contre celle de M. Talon, et sa continuation, 6 vol. — Réponse de M. Fouquet à la réplique de M. Talon, 1 vol. — Suite de la continuation de la production sur les procès-verbaux, 1 vol. — Inventaire des pièces baillées à la Chambre de Justice, 2 vol. — Conclusion des défenses de M. Fouquet, 1 vol.

Exemplaire mesurant 130 mm. de hauteur.

2722. **Fourneau** (Nicolas). L'art du trait de Charpenterie. *Rouen, Dumesnil,* 1767-1770 ; 3 part. en 1 vol. in-fol., demi-rel. veau fauve. 30 fr.

95 planches gravées sur cuivre, montées sur feuillets.

2723. **Frati** (Lugi). Opere della Bibliographia Bolognese che se conservano nella biblioteca municipale di Bologna. *Bologna,* 1888 ; 2 vol. in-8, br.   10 fr.

Publié à 25 fr.

2724. **Frégier** (H.-A.). Des Classes dangereuses de la population dans les grandes villes, et des moyens de les rendre meilleures. *Paris, Baillière,* 1840; 2 vol. in-8, br. 5 fr.

2725. **Frère Jean.** Du Neuf et du Vieux, contes et mélanges par Frère Jean. Etrennes aux délicats. *Bruxelles,* 1873 ; in-12, demi-rel. dos et coins mar. Lavallière, tête dor., *non rogné.*   10 fr.

Frontispice sur Chine en 2 états, en bistre et en sanguine.

2726. **Fritach** (Adam). L'Architecture militaire ou la fortification nouvelle. *Paris, Toussainct Quinet,* 1640 ; in-fol., veau.   20 fr.

Planches sur cuivre. — Taches.

2727. **Furetière.** Le Roman bourgeois. Nouvelle édition revue de nouveau, corrigée et augmentée. *Nancy, Cusson,* 1713 ; in-12, veau, dos orné.   7 fr.

Figures sur cuivre.

2728. **Garnier** (Edouard). Histoire de la Céramique, Poteries, Faïences et Porcelaines, chez tous les peuples depuis les temps anciens jusqu'à nos jours. *Tours, Alfr. Mame,* 1882 ; in-8, br.   5 fr.

170 gravures et 5 planches.

2729. **Gatien-Arnoult.** Monumens de la Littérature Romaine depuis le XIVᵉ siècle ; comprenant les Fleurs du Gai Savoir, autrement

Et de Livres anciens et modernes

dites lois d'amour. *Paris et Toulouse, s. d.* ; 3 vol. gr. in-8 dem.-mar. viol. avec coins, tête dor., non rog. 18 fr.

2730. **Gautier** (Théophile). Celle-ci et Celle-là. Nouvelle édition. *Lucerne (Bruxelles)*, 1864 ; in-12, demi-rel. chagr. rouge, tête dor., *non rogné.* 15 fr.

Édition publiée par Jules Gay, à 200 exemplaires sur PAPIER DE HOLLANDE. Rare.

2731. **Gauville**. Journal du baron de Gauville, député de l'ordre de la noblesse aux Etats généraux depuis le 4 mars 1789 jusqu'au 1er juillet 1790. *Paris, Gay, 1864* ; in-12, br. 4 fr.

Édition tirée à 300 exemplaires sur PAPIER VERGÉ.

2732. **Gay de Vernon** (Baron). Vie du maréchal Gouvion Saint-Cyr. *Paris, Firmin Didot*, 1856 ; in-8, portr., demi-rel. chagr. brun. 5 fr.

2733. **Genlis** (Comtesse de). Les Diners du baron d'Holbach. *Paris, Trouvé*, 1822 ; in-8, cart. 4 fr.

2734. **Gérard** (l'abbé). Le Comte de Valmont, ou les égarements de la raison. Lettres recueillies et publiées par M.... Cinquième édition, revue et augmentée. *Paris, Moutard,* 1779 ; 5 vol. in-12, veau, dos orné, fil., tr. dor. (*Rel. anc.*). 20 fr.

14 figures de *Monnet*. Bel exemplaire.

2735. **Gessner** (Salomon). Œuvres. *Paris, Bossange, an V* (1797) ; 3 vol. in-18, veau fauve, dos ornés, dent., tr. dor. (*Rel. anc.*). 10 fr.

Ouvrage orné de jolies gravures non signées. Bel exemplaire.

2736. **Gilbert**. Œuvres complètes. Nouvelle édition. *Paris, Pillot,* 1805 ; 2 vol. in-18, veau fauve, dos ornés, fil. et dent. sur les plats, portr., tr. dor. 10 fr.

Jolie reliure ancienne très fraîche.

2737. **Godeau** (A.). Les tableaux de la Pénitence. *Paris et Louvain*, 1706 ; in-12, veau. (*Rel. anc.*). 5 fr.

Nombreuses figures.

2738. **Goldsmith** (Lewis). Histoire secrète du cabinet de Napoléon Buonaparté (*sic*) et de la Cour de S. Cloud. *Londres et Paris*, 1814 ; 2 tomes en un vol. in-12, cart., *non rogné.* 10 fr.

Violent pamphlet contre Napoléon Ier.

2739. **Golnitz** (Abraham). Ulysses Belgico-Gallicus fidus tibi dux et Achates, per Belgium hispan. regnum Galliæ, ducat Sabaudiæ, Turinum usque Pedemontii metropolin. *Lugduni Batav., ex off. Elzeviriana*, 1631 ; pet. in-12, titre gravé, veau fauve, fil. (*Rel. anc.*). 7 fr.

Haut. 127 mm.

2740. **Gourdault** (Jules). L'Italie. *Paris, Hachette*, 1877; pet. in-fol., demi-rel. mar. rouge, plats toile gaufrée, tr. dor. 25 fr.

Magnifique publication illustrée de 450 figures sur bois.

2741. **Gourdault**. La Suisse. Etudes à travers les 22 Cantons. *Paris, Hachette*, 1879; 2 vol. in-fol., br. 40 fr.

Bel ouvrage, illustré de nombreuses gravures sur bois, publié à 100 francs.

2742. **Gracian** (Baltasar). L'Homme de Cour, traduict et commenté par le sieur Amelot de la Houssaie. Troisième édition revue et corrigée. *Paris, Vve Martin*, 1687; in-12, front., mar. rouge, dos orné, fil. à la Duseuil, doublé de mar. rouge, dent. et fil., tr. dor. (*Rel. anc.*). 25 fr.

2743. **Granier de Cassagnac**. Histoire des causes de la Révolution française. *Paris, H. Plon*, 1856 ; 4 vol. in-8, demi-rel. chagr. rouge, tr. dor. 10 fr.

Envoi d'auteur.

2744. **Granier de Cassagnac** (Adolphe). Histoire des Classes ouvrières et des Classes bourgeoises. *Paris*, 1838; in-8, br. 2 fr. 50

2745. **Grégoire** (l'abbé). Essai historique et patriotique sur les arbres de la liberté. *A Paris, chez Desenne, l'an II* (1794) ; in-18, port., mar. rouge, fil., dos orné, dent. int., tr. dor. (*Capé*). 35 fr.

2746. **Gretserus** (Jacobus), s. j. De modo agendi Jesuitorum cum pontificibus, prælatis, principibus, populo, juventute et inter se mutuo. *Ingolstadii, ex typographia Adami Sartorii*, 1600 ; in-4, mar. olive, dos orné (*Rel. anc.*). 100 fr.

Aux armes de J.-A. DE THOU, et de sa première femme, Marie Barbançon, avec leur monogramme sur le dos du volume.

2747. Grimm et **Diderot**. Correspondance littéraire, philosophique et critique, adressée à un souverain d'Allemagee. *Paris, Buisson,* 1812-1814 ; 19 vol. in-8, cart., *non rognés.*   40 fr.

Exemplaire bien complet, comprenant les trois séries, le supplément et les 2 vol. de Mémoires inédits publiés en 1834.

2748. Grisone (Federico). Ordini di Cavalcare et modo di conoscere le nature de' cavalli. *Venetia, Andr. Muschio,* 1590; in-4, vélin. 30 fr.

Bel exemplaire d'un livre rare, illustré de nombreuses planches sur bois donnant des modèles de mors de chevaux de différents genres, usités à cet époque.

2749. Gualandi. Nuova Raccolta di Lettere sulla pittura, scultura ed architettura, scritte da più celebri personaggi dei Scoli XV à XIX, con note ed illustrationi di Michelangelo Gualandi. *Bologna,* 1844-1856 ; 3 vol. in-8, demi-rel. dos et coins de mar. rouge, tête dor., *non rognés.*   15 fr.

Bel exemplaire.

2750. Guérin du Rocher. Histoire véritable des temps fabuleux. *Paris,* 1824 ; 5 vol. in-8, cart.   8 fr.

2751. Guerre (la) séraphique, ou histoire des périls qu'a courus la barbe des Capucins par les violentes attaques des Cordeliers. On y joint une dissertation sur l'inscription du grand portail de l'église des Cordeliers de Reims, (par J.-B. Thiers). *La Haye, Pierre de Hondt,* 1740 ; in-12, demi-rel. veau fauve, dos orné.   15 fr.

Ouvrage rare rempli de critique et d'érudition.

2752. Guilbert (l'abbé). Description historique des château, bourg et forest de Fontainebleau, contenant une explication historique des peintures, tableaux, reliefs, statues, ornemens qui s'y voyent. Enrichie de plusieurs plans et figures. *Paris, Andr. Cailleau,* 1731 ; 2 vol. in-12, veau.   15 fr.

2753. Guillemot (Maurice). La Mort de Pierrot. *Paris, Dentu,* 1889 ; in-8, br.   3 fr.

Frontispice de *Chéret* et illustrations par *Clairin. Detaille. Dubufe. Henner, Puvis de Chavannes, Rochegrosse,* etc. Couverture par *Willette.*

2754. Guise (Mlle de). Les Amours du Grand Alcandre , suivis de pièces intéressantes pour servir à l'histoire de Henri IV. *Paris, impr. de Didot l'aîné,* 1786 ; 2 vol. in-12, demi-rel. mar. vert, dos orné. 10 fr.

2755. Guyon (l'abbé). Histoire des Amazones anciennes et modernes, enrichie de médailles, avec une préface historique. *Bruxelles, Jean Léonard,* 1741 ; in-12, demi-rel. mar. rouge, tête dor., *non rogné.* (*Bruyère*).   8 fr.

Le dernier feuillet a été réemargé.

2756. Hamel (Ernest). Marie la sanglante. Histoire de la grande réaction catholique sous Marie Tudor, précédé d'un essai sur la chute du catholicisme en Angleterre. *Paris, Poulet-Malassis,* 1862 ; 2 vol. in-8, portr., demi-rel. chag. rouge. 8 fr.

2757. Hecquet (Philippe). Le Brigandage de la Chirurgie, ou la Médecine opprimée par le brigandage de la chirurgie. *Utrecht, les sœurs de Corneille-Guillaume le Fevre,* 1738 ; 2 tomes en un vol. in-12, veau, dos orné. (*Rel. anc.*) 5 fr.

2758. Henri IV. Correspondance inédite de Henri IV, roi de France et de Navarre, avec Maurice-le-Savant, landgrave de Hesse ; accompagnée de notes et éclaircissements historiques, par de Rommel. *Paris, Renouard,* 1840 ; in-8, portr., demi-rel. veau fauve.   5 fr.

2759. Herbert (lady). L'Algérie contemporaine illustrée. *Paris, Palmé* (1882); in-8, br.   4 fr.

Figures sur bois en noir et en couleur.

2760. Histoire complète et méthodique des Théâtres de Rouen. Par J.-E.-B.(Bouteiller) de Rouen. *Rouen* 1862-1867 ; 3 vol. in-8, br.   9 fr.

2761. Histoire complète et véritable de M. Mayeux, suivie de son Traité de paix avec le Juste-Milieu, racontée par lui-même, *Paris,* 1833 ; in-12, front. chagr. bleu, tête dor., *non rogné.*   10 fr.

2762. Histoire critique de Nicolas Flamel et de Pernelle sa femme, par M. L. V. (l'abbé Villain). *Paris, G. Desprez,* 1761 ; in-12, demi-rel.

Et de Livres anciens et modernes

dos et coins de veau rose, dos
orné.   10 fr.

    Frontispice et planche représentant la maison de N. Flamel, rue de Montmorency.

2763. **Histoire** (L') des Grecs ou de ceux qui corrigent la fortune au jeu (par le chevalier Ange Goudar). *Londres, Nourse,* 1758; in-12, demi-rel. mar. vert, tête dorée, éb. 10 fr.

    Bel exemplaire.

2764 **Histoire** (L') des imaginations extravagantes de M. Oufle, causées par la lecture des livres qui traitent de la magie, du grimoire, des démoniaques, sorciers, etc. (par l'abbé L. Bordelon). *Paris, Gosselin,* 1710; 2 vol. in-12, veau.   15 fr.

    EDITION ORIGINALE. Figures gravées par *Crespy.* Rare.

2765 **Histoire** des Inaugurations des rois, empereurs et autres souverains de l'univers, depuis leur origine jusqu'à présent, par dom Ch.-J. Bévy. *Paris, Moutard,* 1776 ; in-8, demi-rel. mar. Lavallière, tête dor., *non rogné.*   12 fr.

    Planches de costumes anciens gravées sur cuivre.

2766 **Histoire** d'un voyage littéraire fait en 1733, en France, en Angleterre et en Hollande ; avec une lettre fort curieuse concernant les prétendus miracles de l'abbé Paris et les convulsions risibles du chevalier Folard. (Par Charles-Etienne Jordan). *La Haye, Ad. Mœtjens,* 1735 ; in-12, demi-rel. veau. 15 fr.

    « Ce voyage a obtenu l'estime particulière des gens de lettres. L'auteur, dans les villes célèbres où il s'est trouvé, a visité les bibliothèques publiques et les savants ; et il donne, soit sur les hommes, soit sur les livres, les renseignements les plus curieux. » (Barbier. Anonymes II, 659).

2767 **Historique** de l'imprimerie et de la librairie centrales des chemins de fer. Organisation industrielle et économique de cet établissement. *Paris, Chaix,* 1878 ; gr. in-8. br. port.   8 fr.

    Exemplaire offert à M. Du Sommerard, sur papier de Hollande. Tiré à 50 exemplaires.

2768. **Horace.** Œuvres d'Horace, traduites en vers, par Pierre Daru. Nouvelle édition corrigée. *Paris, Levrault, Schœll,* 1804 ; 4 tomes en 2 vol. in-8, veau vert, dos orné, dent., tr. dor. (*Rel. anc.*). 25 fr.

    Bel exemplaire.

2769. **Hübner** (Baron de). Sixte-Quint. *Paris, Franck,* 1870 ; 3 vol. in-8, br.   6 fr.

2770. **Hugo** (Victor). Œuvres. *Paris, Lemerre,* 1875-1879 ; 14 vol. pet. in-12, portr., br.   40 fr.

    Odes et Ballades. Les Orientales, 2 vol. — Voix intérieures. Les Rayons et les Ombres, 1 vol. — Les Châtiments, 1 vol. — Chansons des Rues et des Bois, 1 vol. — Les Feuilles d'automne, Les chants du Crépuscule, 1 vol. — La Légende des Siècles (1re série), 1 vol. — Notre-Dame de Paris, 2 vol. — L'Année terrible, 1 vol. — Théâtre, 4 vol.

2771. **Hugo** (Victor). Le Rhin. Lettres à un ami. *Paris, Renouard,* 1845 ; 4 vol. in-8, br.   6 fr.

2772. **Hugo** (Victor). Les Travailleurs de la mer. *Paris, Lacroix,* 1866 ; 3 vol. in-8, cart.   5 fr.

    Edition originale.

2773. **Humbert** (Aimé). Le Japon illustré. *Paris, Hachette,* 1870 ; 2 vol. in-4, br.   40 fr.

    476 vues, scènes, types, monuments et paysages dessinés par E. Bayard, H. Catenacci, Eug. Ciceri, L. Crepon, Hubert Clerget, A. de Neuville, etc.

2774. **Humboldt** (Alex. de) Essai politique sur le royaume de la Nouvelle - Espagne. *Paris, Renouard,* 1825 ; 4 vol. in-8, demi-rel. basane.   12 fr.

2775. **Hurtado de Mendoza.** La Vie de Lazarille de Tormes et de ses fortunes et adversités. Traduicte nouvellement d'espagnol en françois par M. B. P. *Paris, Boutonné,* 1620; 2 vol. in-12, mar. violet, dos orné, double rangée de fil., tr. dor. (*Tripon*).   30 fr.

    La seconde partie a été traduite par d'Audiguier jeune. 4 vignettes en taille-douce sur le titre, finement gravées.

2776. **Husson** (Armand). Etude sur les Hôpitaux considérés sous le rapport de leur construction et de la distribution de leurs bâtiments, de l'ameublement, de l'hygiène et du service des malades. *Paris, Dupont,* 1862 ; in-4, pl., br. 15 fr.

2777. **Imhoff** (Jacobi-Wilhelmi). Historia Italiæ Hispaniæ genealogica exhibens instar prodromi stemma desiderianum ad ima radice cum suis stirpibus ac ramis, unde Italiæ et Hispaniæ regis proceresque quorum syllabus altera abhine pa-

Achat de Bibliothèques

gina oculis subjicitur pullularunt, deductum exegesi historica perpetua illustratum insigniumque iconibus exornatum. *Norimbergæ, Engelberti,* 1701 ; 2 tomes en 1 vol. in-fol., veau.   20 fr.

Frontispice gravé, vignettes et blasons.

2778. **Imhoff** (Jacobus-Wilhelmi). Notitia sacri Romani Germanici imperii procerum tam ecclesiasticorum quam secularium historico-heraldico genealogica ad hodernium imperii statum, et in supplementum operis genealogici rittershusiani initio adornata. *Tubingæ, J.-G. Cottæ,* 1732-1734 ; 2 vol. in- fol., veau brun.   39 fr.

Frontispice, portrait et 19 planches d'armoiries. Légère différence dans la reliure.

2779. **Imhoff** (Jacobi-Wilhelmi). Regum pariumque Britanniæ historia genealogica qua veterum juxta ac regentium in illa familiarum, origines, stemmata et res memorabiliores ordine ad novissimum Angliæ statum aptato recensentur at que explicantur additis œneis insignium tabulis. *Norimburgæ* 1690; in-fol., veau.   20 fr.

Frontispice gravé, planche de blasons et lettres ornées.

2780. **Janin** (Jules). L'âne mort et la femme guillotinée. *Paris, Delangle,* 1830 ; in-16, cart., *non rogné.*   15 fr.

Deuxième édition imprimée par J. Didot, sur PAPIER VERGÉ et illustrée d'un frontispice et d'une figure d'*Alfred Johannot.*
Bel exemplaire.

2781. **Janin** (Jules). La Confession par l'auteur de l'Ane mort et la Femme guillotinée. *Paris, Alex. Mesnier,* 1830 ; 2 tomes en 1 vol. in-12, demi-rel. veau gris.   12 fr.

Frontispice sur Chine dessiné et gravé par *Alfr. Johannot.*
EDITION ORIGINALE.

2782. **Journal** d'un voyage de Genève à Londres, en passant par la Suisse, entremêlé d'aventures tragiques, par M. G. D. C. (Gaudard). *S. l.,* 1783 ; in-12, veau gris, fil. à froid, tr. rouge (*Petit-Simier*). 8 fr.

2783. **Jousse** (Mathurin). L'art de charpenterie corrigé et augmenté de ce qu'il y a de plus curieux dans cet art par M. de La Hire. *Paris, Jombert,* 1751, in-fol., pl., veau marbré.   30 fr.

Troisième édition corrigée et augmentée par de La Hire.

2784. **Jurisprudentia heroïca,** sire de jure Belgarum circa nobilitatem et insigna (authore J.-B. Christyn). *Bruxellis, Vivien,* 1668; 2 part. en un vol. in-fol., veau brun.   40 fr.

Ouvrage fort recherché. Il est ainsi composé : 8 ff. liminaires, 586 pp. chiffrées, 15 ff. d'index et d'errata ; dans la 2ᵉ part., 2 ff. lim., 174 pp. et 4 ff. de tables.
Les cartes généalogiques des familles de Belgique sont au nombre de 14.

2785. **Juvenalis** familiare commentum cum Antonii Mancinelli viri eruditissimi explanatione. (In fine :) *Impressum est hoc opus rursus in edibus Ascensianis apud Parrhisios impensis Joannis Meganc, Joannis Waterlooce et Jodoci Horenweghe flandorum, anno salutis christiane* 1505 *ad nonas Martias;* in-4 goth. de 6 et 253 ff. veau.   30 fr.

Edition parisienne imprimée par Josse Bade.
Signatures au début et à la fin du volume.

2786. **Koning** (Jacq.). Dissertation sur l'origine, l'invention et le perfectionnement de l'imprimerie. *Amsterdam, Delachaux,* 1819; in-8 demi-rel. veau fauve.   6 fr.

6 planches.

2787. **Kuhne** (Louis). La Nouvelle Science de guérir, basée sur le principe de l'unité de toutes les maladies. *Leipzig,* 1893; gr. in-8, br. 4 fr.

Portrait et figures dans le texte.

2788. **Labarte** (Jules). Dissertation sur l'abandon de la glyptique en Occident au moyen-âge et sur l'époque de la Renaissance de cet art. *Paris, Morel,* 1871 ; in-4, br. 4 fr.

1 planche.

2789. **La Blairie** (Olivier). Jupiter en bonne fortune, suivi de pièces fugitives. *Paris, Gueffier,* 1802 ; in-8, front., demi-rel. dos et coins de veau fauve, dos orné, tête dor., *non rogné.*   5 fr.

2790. **Laborde** (de). Les Archives de la France. *Paris, Vᵉ Renouard,* 1867 ; in-12, demi-rel. mar. rouge.   4 fr.

Et de Livres anciens et modernes

2791. **La Bruyère**. Le Premier Texte de la Bruyère. *Paris, Jouaust,* 1868 ; in-8, br.   8 fr.
Exemplaire sur PAPIER WHATMAN.

2792. **Lacroix** (Paul). Annuaire des Artistes et des Amateurs. *Paris, Renouard,* 1860-1862 ; 3 vol. in-8, portr., cart., éb.   9 fr.
Bel exemplaire.

2793. **La Croix du Maine**. La Bibliothèque du sieur de La Croix du Maine qui est un catalogue général de toutes sortes d'autheurs qui ont escrit en françois depuis cinq cens ans et plus jusques à ce jourd'huy. *Paris, Abel l'Angelier,* 1584 ; in-fol., veau marbré. 50 fr.

2794. **La Faye** (J.-B. de). Etat des royaumes de Barbarie, Tripoly, Tunis et Alger, contenant l'histoire naturelle et politique de ces païs. La manière dont les Turcs y traitent les esclaves. Comme on les rachete. Et diverses peintures curieuses. Avec la Tradition de l'Eglise, pour le rachat ou le soulagement des captifs. (Par le P. J.-B. de La Faye, mathurin). *Rouen, Behourt,* 1703 ; in-12, front., veau.   15 fr.

2795. **La Fontaine**. Fables, édition taille-douce. *Paris, Lecointe,* 1834 ; 2 tomes en 1 vol. in-4°, demi-rel. veau, avec coins.   10 fr.
Figures à mi-page.

2796. **La Fontaine**. Œuvres complètes. *Paris, Nepveu (impr. de P. Didot l'aîné),* 1820 ; 16 vol. Histoire de la vie et des ouvrages de J. de La Fontaine, par C.-A Walckenaer. *Paris, Nepveu,* 1821 ; 2 vol. Ens. 18 vol. in-16, brochés.   40 fr.
Charmante édition augmentée de nouvelles œuvres diverses et ornée de 120 figures d'après les dessins de *Desenne, Chaudet, Huet* et autres.
PAPIER VÉLIN, tiré à 500 exemplaires.

2797. **Lagrèze** (G.-B. de). Une visite à Pompéi. *Paris, Didot,* 1888 ; in-8, br.   3 fr.
90 figures dans le texte.

2798. **La Huguerye**. Mémoires inédits, publiés par le baron A. de Ruble. *Paris, Loones,* 1877-1880 ; 3 vol. in-8, br.   15 fr.
De la Collection de la Société de l'Histoire de France.

2799. **Lahure** (Aug.). Notes sur le service des États-majors en campagne et en temps de paix. *Paris, Baudry,* 1875 ; 2 vol. in-8, demi-rel. chagr. brun.   7 fr.
9 Cartes.

2800. **Lamartine** (Alp. de). Harmonies poétiques et religieuses. *Bruxelles, Franck,* 1830 ; 2 vol. in-12, br.   8 fr.
Une gravure par Madou.

2801. **Lamartine**. Méditations poétiques. — Nouvelles méditations poétiques. Nouvelle édition augmentée de diverses épitres inédites. *Paris, Gagniard,* 1830 ; 2 vol. in-12, titres gravés, br.   8 fr.
Figures de *Desenne.*

2802. **Lamartine**. Œuvres. *Paris, Gosselin et Furne,* 1838-1840 ; 10 vol. in-32, br., couv.   30 fr.
Méditations, 2 vol. — Harmonies, 2 vol, Jocelyn, 2 vol. — La Chute d'un ange, 2 vol. — Recueillements. — Mélanges et discours.
Jolie petite édition imprimée sur papier vélin.

2803. **Lambertini** (Vittorio). Trattato di Scherma teorico-pratico illustrato della moderna scuola italiana di spada e sciabola. *Bologna,* 1870 ; in-8, br.   10 fr.
Frontispice avec les portraits des 3 Lambertini et 29 lithographies. Notice bibliographique sur les auteurs italiens anciens et modernes qui ont écrit sur l'Escrime.

2804. **Lancereau**. Pantchatantra ou les cinq livres, recueil d'apologues et de contes, traduit du sanscrit. *Paris, Imp. Nationale,* 1871 ; in-8, br.   3 fr. 50

2805. **Lanté**. Costumes de divers pays, gravés par Gatine, d'après Lanté. *S. l. n. d.* ; pet. in-fol, pl., cart.   180 fr.
Suite rare de 78 planches coloriées de costumes femmes.

2806. **La Rochefoucauld**. Maximes et Réflexions morales. *Paris, impr. de Pierre Didot l'aîné (Bleuet),* 1796 ; pet. in-12, veau, tr. dor.   5 fr.
Portrait de l'auteur gravé par *Gaucher* d'après *Petitot.*

2807. **Lasalle** (Albert de). Histoire des Bouffes-Parisiens. *Paris, Bourdillat,* 1860 ; pet. in-12, demi-rel. veau.   3 fr.
Histoire d'un théâtre parisien consacré à l'Opérette.

Achat de Bibliothèques

2808. **Laurentie.** Histoire des ducs d'Orléans. *Paris, Béthune,* 1832-1834 ; 4 vol. in-8, br. 6 fr.

2809. **Lauzac.** Galerie hitorique et Critique du ·XIXe siècle. *Paris,* 1856-1862 ; 3 vol. gr. in-8, br. 5 fr.

2810. **La Vallière** (Duchesse de). Réflexions sur la Miséricorde de Dieu pour une dame pénitente. *Paris, Ant. Dezallier,* 1712 ; in-12, veau. 10 fr.

Cette édition est suivie du « Récit abrégé de la vie pénitente de Mme la duchesse de la Vallière » qui paraît ici pour la première fois.

2811. **Lebeuf** (l'abbé). Recueil de divers écrits pour servir d'éclaircissemens à l'histoire de France, et de supplément à la notice des Gaules. *Paris, Jacq. Barois,* 1738 ; 2 vol. in-12, mar. rouge, fil. à froid, *non rognés* (*Closs*). 20 fr.

Bel exemplaire entièrement non rogné.

2812. **Le Comte.** Mémorial ou Journal historique, impartial et anecdotique de la révolution de France. *Paris, Duponcet,* 1801 ; 3 vol. pet. in-12, veau. 6 fr.

Figure allégorique.

2813. **Lefèvre** (Émile). Études artistiques et littéraires. *Anvers,* 1881-1882 ; gr. in-8, br. 6 fr.

Tiré à 35 exemplaires.
Planches en phototypie. Envoi d'auteur.

2814. **Le Flaguais.** Œuvres poétiques complètes *Paris, Derache,* 1850 ; 4 vol. in-8, br. 6 fr.

Papier de Hollande.

2815. **Le Maire.** Histoire et antiquitez de la ville et duché d'Orléans, augmentée des antiquitez des villes dépendantes du chastelet et bailliage d'Orléans, plus les généalogies des nobles et illustres Orléanais, la fondation des églises. *Orléans, Maria Paris,* 1648 ; in-fol., demi-rel. vélin. 20 fr.

Quelques ff. remontés et titre maculé.

2816. **Lenglet du Fresnoy.** Traité historique et dogmatique du secret inviolable de la Confession. *Imprimé à Lille, Paris, Jean Musier,* 1708 ; pet. in-8, vean brun (*Rel. anc.*). 15 fr.

Ouvrage rare avec l'*Addition au traité du secret inviolable de la Confession.* *Paris,* 1708.

2817. **Léopold.** Mémoire justificatif de Louis XVI. *Paris, Moronval,* 1814 ; in-8, portr., cart. 4 fr.

2818. **Le Roux** (Hugues). Méderic et Lisée. *Paris, J. Lévy,* 1887 ; gr. in-8, br. 4 fr.

80 dessins de *H. Dillon.*

2819. **Lettere** (Delle) di Principi, le quali o si scrivono da principi, o a principi o ragionano di principi. *Venetia,* 1581 ; 3 vol. in-4, vélin. 15 fr.

Bel exemplaire.

2820. **Lettres** d'une Péruvienne par Mme de Grafigny. *A Peine, s. d.* (1747) ; pet. in-12, veau. 8 fr.

ÉDITION ORIGINALE de ce roman célèbre. Exemplaire portant sur le titre la signature du duc de Valentinois.

2821. **Lieble** (Ph.-Louis). Mémoire sur les limites de l'empire de Charlemagne, qui a remporté le prix proposé par l'Académie royale des inscriptions et belles-lettres. *Paris, Guérin,* 1764 ; in-12, demi-rel. chagr. bleu. 10 fr.

On a relié à la suite : Observations critiques sur le prospectus d'un ouvrage ayant pour titre : Anatomie de la langue française, 1785. — Ce qu'on apprenait aux Foires de Troyes et de la Champagne au XIIIe siècle, 1858 (tiré à 160 exemplaires).

2822. **Livres classiques** (les) de l'Empire de la Chine recueillis par le Père Noël. *Paris, De Bure,* 1784-1786 ; 7 vol. pet. in-12, br. 30 fr.

Jolie collection fort bien imprimée par Didot aîné.

2823. **Lordelot** (Benigne). Plaidoyé pour Jacques de Baudry, prétendu religieux cordelier, qui contient l'histoire de sa vie et un traité touchant la validité des vœux des religieux. *Paris, P. Bienfait,* 1684 ; in-12, veau. 5 fr.

2824. **Lubersac** (l'abbé de). Discours sur les Monuments publics de tous les âges et de tous les peuples counus, suivi d'une description de monument projeté à la gloire de Louis XVI et de la France. *Paris, Impr. royale,* 1775 ; in-fol., veau marbré. 20 fr.

1 frontispice dessiné par *Monnet* et gravé par *Masquelier.* et 2 planches doubles représentant le monument de Louis XVI, d'après *Touzé,* gravées par *Masquelier.* Exemplaire aux armes de FRANCE.

Et de Livres anciens et modernes

2825. Ly'onel. L'Art de relever sa robe. *Paris, Poulet-Malassis,* 1862 ; in-16, demi-rel. mar. bleu, tête dor., *non rogné.*   5 fr.

L'un des 100 exemplaires numérotés tirés sur PAPIER DE HOLLANDE.

2826. Machiavelli (Nicolai). Florentini Princeps, ex Sylvestri Tellii Fulginatis traductione diligenter emendatus. *Lugduni Batavorum, ex off. Hioronynum de Vogel,* 1643 ; in-12, front., mar. rouge, dos orné, fil., tr. dor. (*Rel. anc.*). 10 fr.

Haut. 134 mm.

2827. Machiavelli. Opere di Niccolo Machiavelli. *Italia,* 1813 ; 8 vol. in-8, portr., demi-rel. veau fauve.   15 fr.

2828. Magnétisme. Journal du Magnétisme rédigé par une société de Magnétiseurs et de Médecins sous la direction de M. du Potet de Sennevoy. *Paris,* 1850-1860 ; 11 vol. in-8, fig., demi-rel. bas. 30 fr.

Tomes IX à XIX. — Recueil important sur la science du magnétisme.

2829. Manteaux (Les). Recueil (par le comte de Caylus). *La Haye,* 1746 ; 2 part. en un vol. in-12, veau, dos orné, fil.   4 fr.

Recueil d'anecdotes facétieuses et de recherches historiques. Frontispice par *Cochin.*

2830. Marchangy. La Gaule poétique. *Paris, Baudouin,* 1824-1825 ; 6 vol. in-8, portr., demi-rel. veau fauve.   10 fr.

Portrait sur Chine. Bel exemplaire.

2831. Marguerite de Navarre. Contes et nouvelles de Marguerite de Valois, reine de Navarre. *Amsterdam, George Gallet,* 1708 ; 2 vol. pet. in-12, mar. citron, fil., tr. dor. (*Rel. anc.*).   150 fr.

ÉDITION ORIGINALE, ornée d'un frontispice et de 72 figures à mi-page par *Harrewyn.*

2832. Marmontel. Œuvres choisies. *Paris, Verdière,* 1824-1825 ; 10 vol. in-8, demi-rel. veau fauve, dos orné.   18 fr.

Contes moraux, 4 vol. — Bélisaire, 1 vol. — Les Incas, 1 vol. — Eléments de littérature. 4 vol.

2833. Marolles (Michel de). Mémoires, avec des notes historiques et critiques (par l'abbé Goujet). *Amsterdam (Paris),* 1755 ; 3 vol. in-12, demi-rel. veau gris, dos orné, *non rognés.*   12 fr.

On trouve dans cette édition les « noms de ceux qui ont donné leurs livres à l'abbé de Marolles ».

2834. Marolles (Michel de). Tableaux du temple des muses, tirez du cabinet de M. Favereau, avec les descriptions, remarques et annotations. *Paris, Sommaville,* 1655 ; in-fol. mar. vert, fil. dent., dos orné, tr. r.   70 fr.

Orné de 60 figures gravées en taille-douce par *Bloëmaert* d'après *Diepenbeke.*

2835. Marot (Clément). Œuvres choisies, accompagnées de notes historiques et littéraires par M. Després. *Paris, Janet et Cotelle,* 1826 ; in-8, demi-rel. chagr. bleu, dos orné.   5 fr.

2836. Marot (Clément). Œuvres de Clément Marot, revues sur plusieurs ms. et sur plus de quarante éditions ; avec les ouvrages de Jean Marot, son père, ceux de Michel Marot, son fils, et les pièces du différent de Clément avec François Sagon. *La Haye, P. Gosse et J. Neaulme,* 1731 ; 6 vol. in-12, veau fauve, dos orné (*Rel. anc.*). 25 fr.

Belle édition donnée par Langlet du Fresnoy, plus complète que les précédentes.

2837. Martello (Pierjacopo). Teatro italiano. *Roma, Fr. Gonzaga,* 1715-1723 ; 5 vol. in-8, front. et fig., basane.   15 fr.

Aux armes du comte de COLLALTO.

2838. Martial d'Auvergne. Les Arrets d'Amours, avec l'Amant rendu cordelier à l'observance d'amours. Accompagnez des commentaires juridiques et joyeux de Benoit de Court. *Amsterdam et Paris, Pierre Gaudouin,* 1731 ; in-12, veau fauve, dos orné, fil., tr. dor. (*Rel. anc.*).   25 fr.

Cet exemplaire renferme « *le Glossaire des anciens termes* », rédigé par Lenglet Du Fresnoy.

2839. Martin (Henri). Histoire de France depuis les temps les plus reculés jusqu'en 1789. Quatrième édition. *Paris, Furne et Jouvet,* s. d. ; 17 vol. in-8, br.   45 fr.

Portr. et figures sur acier.

2840. Martin (Louis-Aimé). Lettres à Sophie, sur la physique, la chi-

mie et l'histoire naturelle. Troisième édition, corrigée et augmentée. *Paris, Nicolle*, 1811 ; 4 vol.
pet. in-12, veau fauve, dos orné,
dent., tr. dor.   12 fr.

2841. **Maury** (Alfred L. F.). Les
Forêts de la Gaule et de l'ancienne
France. *Paris Ladrange*, 1867 ;
in-8, br.   10 fr.
> Rare.

2842. **Mémoires** et anecdotes sur
la dynastie régnante des Djogouns,
souverains du Japon ; ouvrage orné
de planches gravées et coloriées
tiré des originaux japonais par M.
Titsingh ; publié avec des notes
et éclaircissements par M. Abel
Rémusat. *Paris, Nepveu*, 1820 ;
in-8, br.   8 fr.

2843. **Mémoires** historiques sur
Raoul de Courcy. On y a joint le
recueil de ses chansons en vieux
langage, avec la traduction et l'ancienne musique (par de La Borde).
Paris, Pierres, 1781 ; 2 vol. in-12,
mar, rouge, dos ornés, fil., tr. dor.
(*Rel. anc.*).   150 fr.
> Bel exemplaire en GRAND PAPIER, orné
> des portraits gravés de Raoul de Coucy,
> d'Aubert, de Fayel, de Gabriel de Lever-
> gies, dame de Fayel, et d'une jolie vue de
> Coucy-le-Château. A la fin du second vo-
> lume se trouvent douze pages de musique
> gravée.
> De la bibliothèque H. GRÉSY.

2844. **Mémoire** pour le sieur de La
Bourdonnais avec les pièces justi-
ficatives (par Pierre de Gennes).
Paris, Delaguette, 1751 ; 3 vol.
in-12, mar. violet, dos orné, fil.,
tr. dor.   15 fr.
> Bel exemplaire dans une reliure très
> fraîche. — Le tome 4 manque.

4845. **Mémoires** pour servir à l'histoire de l'Académie royale de Peinture et de Sculpture depuis 1648
jusqu'en 1664, publiés par Anatole
de Montaiglon. *Paris, Jamet*, 1853 ;
2 vol. demi-rel. veau, tête dor.,
non rognés.   20 fr.
> Rare.

2846. **Mémoires** pour servir à l'histoire de la calotte. Nouvelle édition
augmentée des III et IV parties
(par Plantavit de la Pause, l'abbé
de Margon, l'abbé P.-F. Guyot-
Desfontaines, J. Aymon, Fr. Gacon,
P.-C. Roy et autres). *Aux Etats
calotins, de l'impr. calotine*, 1752 ;
4 parties en un vol. in-12, veau. 15 fr.
> Le régiment de la calotte fut institué
> sous Louis XIV par un officier cité pour
> les grâces de son esprit et les agréments
> de sa personne. La dénomination donnée
> à cette phalange vient de ce que les méde-
> cins avaient ordonné à cet officier de
> porter une petite calotte à cause des maux
> de tête violents dont il était atteint. Plu-
> sieurs de ses camarades imaginèrent de
> former sous ses lois un régiment où se-
> raient admis seulement les personnages
> d'une naissance élevée, mais surtout ceux
> que l'on citait pour leurs équipées et leurs
> extravagances, un général fut élu, puis
> des colonels, des lieutenants, on publiait
> des brevets et des lettres patentes. Les
> beaux esprits adressaient des madrigaux
> et des bouquets aux dames et des épi-
> grammes aux tuteurs et aux maris. (Revue
> britannique).

2847. **Mémoires** pour servir à l'histoire de la maison de Condé. *Paris*,
1820 ; 2 vol. in-8, basane.   6 fr.
> Portraits et nombreux fac-similés de
> lettres autographes.

2848. **Mendès** (Catulle). Poésies.
Première série. *Paris, Sandoz*,
1876 ; gr. in-8, portr., br.   4 fr.
> La marge du portrait a été coupée.

2849. **Méray** (Antony). Les libres
Precheurs, devanciers de Luther
et de Rabelais. Etude historique,
critique et anecdotique sur les XIVe,
XVe et XVIe siècles. *Paris, Claudin*,
1860 ; in-16, br.   5 fr.
> Raulin, Savonarole, Ol. Maillard, Bare-
> lete, Menot, Pepin, G. de Pavilly, Legrand,
> Halkot, Boucher.
> PAPIER DE HOLLANDE.

2850. **Mercier**. Mon Bonnet de
nuit. *Neufchâtel*, 1784-5 ; 4 vol.
in-8, veau.   8 fr.

2851. **Merlin** (le roman de) l'en-
chanteur, remis en bon français et
dans un meilleur ordre par M. S.
Boulard. *Paris, Boulard*, 1797 ;
3 vol. in-12, demi-rel. veau rose,
dos orné, éb. (*Corfmat*).   10 fr.

2852. **Metastase**. Opere del signor
abate Pietro Metastasio. *Parigi,
Vve Hérissant*, 1780-1782 ; 12 vol.
in-8, portr. et fig., veau marbré, dos
orné, fil., tr. dor. (*Rel. anc.*). 40 fr.
> Portrait par *Steiner* et 35 figures par
> *Cipriani, Cochin, Martini et Moreau*.
> Un des livres les mieux illustrés du
> siècle dernier.

2853. **Metternich**. Mémoires, documents et écrits divers laissés par

le prince de Metternich. *Paris, Plon*, 1880-1881 ; 4 vol. in-8, portr., br.   12 fr.

Les quatre premiers volumes seuls, l'ouvrage complet en comprend huit.
Portrait à l'eau-forte d'après *Lawrence*.

2854. **Meyer** (Edm.). Histoire de la ville de Vernon et de son ancienne chatellenie. *Les Andelys*, 1877 ; 2 vol. gr. in-8, br.   10 fr.

30 figures hors texte par AD. MEYER.

2855. **Michaëlis**. Histoire admirable de la possession et conversion d'une pénitente séduite par un Magicien, la faisant sorcière et princesse des sorciers au païs de Provence, conduite à la Saincte Baume, pour y estre exorcizée l'an M. DCX, au mois de Novembre, sous l'authorité du R. P. F. Sébastien Michaelis. Ensemble la Pneumalogie, ou discours des esprits du susdit P. Michaelis. *Paris, Ch. Chastelain*, 1613 ; in-8, vélin.   60 fr.

Ouvrage de l'un des instigateurs du procès tristement célèbre qui provoqua la condamnation à mort de Louis Gauffridy comme ayant ensorcelé Madeleine de Mandols, religieuse de la Sainte Baume.
A la suite : « Dicours des esprits en tant qu'il est de besoin pour entendre et résoudre la matière difficile des sorciers. »

2856. **Michel** (Edm.). Étude biographique sur les Tischbein, peintres allemands du XVIIIᵉ siècle. *Lyon, Georg*, 1881 ; in-4, br.   5 fr.

5 planches hors texte.

2857. **Michelet**. Histoire de la Révolution française. Deuxième édition. *Paris, Lacroix*, 1869 ; 6 vol. in-8, br.   20 fr.

2858. **Mirabeau**. Des Lettres de cachet et des prisons d'Etat. Ouvrage posthume, composé en 1778. *Hambourg*, 1782 ; 2 vol. in-8, basane.   12 fr.

Cet ouvrage a été contesté au célèbre tribun et attribué à son oncle, le bailli de Mirabeau et aussi à Clavière. La mention « ouvrage posthume » indique que le prisonnier de la Bastille ne l'était plus en 1782, puisqu'il avait été mis en liberté en 1780.

2859. **Molière**. Œuvres avec des remarques grammaticales ; des avertissements et des observations sur chaque pièce par M. Bret. *Paris*, 1773 ; 6 vol. in-8, vélin vert, fig. de Moreau, portrait par Cathelin d'après Mignard.   50 fr.

Les tomes 2 et 4 manquent.

2860. **Molière**. Œuvres de Molière. Nouvelle édition, *A Paris (Prault)*, 1734 ; 6 vol. in-4, veau. (*Rel. fatiguée*).   250 fr.

Bel exemplaire orné du portrait de Molière par *Coypel*, et de 33 figures par *Boucher* avec nombreuses vignettes et culs de lampe.

2861. **Monneret** (Ed.). Traité élémentaire de Pathologie interne. *Paris, Asselin*, 1864 ; 3 vol. in-8, demi-rel. mar. vert, dos orné. 10 fr.

2862. **Montaiglon** (A. de). Procès-verbaux de l'Académie royale de peinture et de sculpture, 1648-1792. *Paris, Baur*, 1875-1878 ; 2 vol. in-8, br.   6 fr.

2863. **Montaigne**. Les Essais. Nouvelle édition exactement purgée des défauts des précédentes selon le vray original. *A Paris, chez Siméon Piget*, 1652 ; in-fol., veau. 10 fr.

Très beau portrait, frontispice gravé.

2864. **Montano** (Gio-Batt.). Libro primo [e secundo] Scielta di varii Tempietti antichicon le piante et alzatte desegnati in prospettiva di M. Gio. Battista Montano Milanese. Date in luce, per Gio. Battista Soria Romano, et fatti intagliare in rame. *Roma, Soria*, 1624-1638 ; gr. in-4, vélin.   70 fr.

Première partie : titre, dédicace, 2 portraits et 66 planches. — Seconde partie : titre (avant l'inscription) et 25 planches. L'ensemble gravé sur cuivre.

2865. **Monteil** (Alexis). Traité de Matériaux manuscrits de divers genres d'histoire. *Paris*, 1835 ; 2 vol. in-8, br.   4 fr.

2866. **Montlosier** (Comte de). De la Monarchie française depuis la seconde Restauration jusqu'à la fin de la session de 1816. *Paris, Gide*, 1818 ; in-8, cart.   4 fr. 50

2867. **Moreau** (Hégésippe). Œuvres inédites, avec introduction et notes par Armand Lebailly. — Hégésippe Moreau, sa vie et ses œuvres, documents inédits par Armand Lebailly. *Paris, Bachelin-Deflorenne*, 1863 ; 2 tomes en 1 vol. in-16, demi-rel. dos et coins de mar. rouge, *non rogné*.   6 fr.

Frontispices de *Staal*.

2868. **Morin** (A.-S.). Fantaisies théo-

Achat de Bibliothèques

logiques. *Paris*, *Le Chevalier*, 1872 ; in-8, br. 5 fr.

2869. **Mornay** (Philippe de). De la Vérité de la Religion chrestienne, contre les Athées, Epicuriens, Payens, Juifs, Mahumédistes et autres infidèles. *Anvers*, *Christofle-Plantin*, 1582 ; in-8, vélin à recouvrements. 50 fr.

Très bel exemplaire de la seconde édition de ce livre célèbre.

2870. **Morus** (Thomas). Idée d'une république heureuse ou l'Utopie de Thomas Morus, chancelier d'Angleterre. *Amsterdam*, 1730 ; 2 part. en un vol. in-12, veau. 12 fr.

Figures de *Bleyswick*. — La planche de la pp. 225 manque.

2871. **Mouhy** (Ch. de Fieux, chevalier de). La Mouche, ou les espiègleries et avantures galantes de Bigand. Nouvelle édition revue et corrigée. *Venise et Paris*, 1777 ; 4 vol. in-12, br. 15 fr.

4 figures en taille-douce.

2872. **Musset** (Paul de). Biographie de Alfred de Musset. *Paris*, *Lemerre*, 1877 ; pet. in-12, dem. chag. rouge avec coins, tête dor., *n. rog.*, port. 5 fr.

2873. **Napoléon III**. Œuvres. *Paris*, *Plon et Amyot*, 1856 ; 4 vol., gr. in-8, br. 8 fr.

2874. **Narcisse** dans l'islé de Vénus, poëme en IV chants (par Malfilatre). — Le Jugement de Pâris, poëme en IV chants par Imbert. *Paris*, *Chaignieau*, 1797 ; in-12 cart., *non rogné*. 16 fr.

PAPIER VÉLIN. Titres par *Eisen* et *Moreau*, figures de *St-Aubin* et de *Moreau*, AVANT LA LETTRE.

2875. **Naudé**. La Bibliographie politique du sr Naudé, contenant les livres et la methode necessaire à estudier la Politique. Traduit du latin (par Challine). *Paris*, *Vve Guill. Pelé*, 1642 ; in-8, bas. 12 fr.

Légère piqure de vers et mouillure.

2876. **Naudet** (J.). Conjuration d'Etienne Marcel contre l'autorité royale. *Paris*, *Egron*, 1815 ; in-8, cart. 4 fr.

2877. **Nepos** (Cornelius). Vitæ excellentium Imperatorum, et in cas Jani Gebhardi Spicilegium. *Amste-*

lodami, *ex off. Janssoniana*, 1644 ; pet. in-12, titre gravé, veau fauve, dos orné de mar. rouge, fil., tr. dor. 15 fr.

Haut. 124 mm.

2878. **Nérée-Desarbres**. Sept ans à l'Opéra. Souvenirs anecdotiques d'un secrétaire particulier. *Paris*, *Dentu*, 1864 ; in-12, demi-rel. dos et coins de mar. rouge, dos orné, tête dor., *non rogné*, couv. 7 fr.

Vignettes sur bois dans le texte.

2879. **Nivelle de la Chaussée**. Œuvres de Théâtre. *Paris*, *Prault*, 1752 ; 3 vol. in-12, veau marbr., dos orné. *Rel. anc.* 7 fr.

2880. **Noblesse**. Almanach de la noblesse du royaume de France pour l'année 1848. *Paris*, *Aubert*, 1848 ; in-12, cart. toile, tr. dor. 7 fr.

2881. **Noblesse**. Debrett's Peerage of the united kingdom of Great Britain and Ireland in two volumes. The sixteenth edition, considerably improved. *London, printed by G. Woodfall*, 1826 ; 2 vol. in-12, veau fauve, dent. 30 fr.

Nombreuses armoiries gravées en taille-douce.

2882. **Noblesse**. Etrennes à la noblesse ou état actuel des familles nobles de France, pour l'année 1884 (par Reverend). *Paris*, *Richard*, 1884 ; pet. in-8, cart., *non rog.* 6 fr.

PAPIER VERGÉ.

2883. **Nolte** (Frédérick). L'Europe militaire et diplomatique au XIXme siècle. 1815-1884. *Paris*, *Plon*, 1884 ; 4 vol. in-8, br. 10 fr.

2884. **Nouveaux Contes** à rire et aventures plaisantes de ce temps ou récréations françaises. *Cologne*, *Roger Bontemps*, 1702 ; in-12, fig., vélin blanc. 12 fr.

Figures à mi-page.

2885. **Nouvelles Découvertes** sur l'état de l'ancienne Gaule du temps de César (par M. de Mandajors). *Paris*, *G. de Luynes*, 1696 ; in-12, veau. 4 fr.

Exemplaire ayant appartenu à Dulaure, historien de Paris, dont la signature est sur la garde du volume.

2886. **Oratio** dominica nimirum plus centum Tinguis, versionibus aut characteribus, reddita et expressa.

Et de Livres anciens et modernes

Editio novissima, Speciminibus variis quan priores auctior. *Augspurg, J. N. Krausen, s. d.* ; pet. in-fol. cart.   10 fr.

L'Oraison dominicale en 87 langues anciennes ou modernes. Edition publiée au XVIIme siècle, ornée de 3 vignettes en tête. Taches.

2887. Ortelius (Abrahamus). Deorum dearumque capita, ex antiquis numismatibus collecta. Historica narratione illustrata à Francisco Swertio. *Bruxellis, Fr. Foppens,* 1683 ; pet. in-4, vélin.   20 fr.

59 figures sur cuivre placées dans de jolis encadrements.

2888. Ovide. Le Métamorphosi d'Ovidio, di Giovanni Andrea dell' Anguillara. *In Vinegia, per Gio. Griffio,* 1561, pet. in-4, vélin. 10 fr.

Jolies gravures sur bois à mi-page au début de chaque livre. — Mouillures.

2889. Ovide. Pub. Ovidii Nasonis Metamorphoseon libri XV. In singulas quasque fabulas argumenta. Ex postrema Jacobi Micylli recognitione. *Francofurti ad Mœncim* (In fine:) Apud Christ. Corvinum, impensis, Joh. Peyerabendii, 1582 ; in-8, peau de truie estampée, fermoirs. (*Rel. anc.*)   25 fr.

177 figures de *Virgile Solis* gravées sur bois. Mouillures.

2890. Palissy (Bernard). Œuvres complètes. Édition conforme aux textes originaux, imprimés du vivant de l'auteur ; avec des notes et une notice historique, par Paul-Antoine Cap. *Paris, Dubochet,* 1844 ; in-12, demi-rel. veau fauve, *non rogné,* couv. cons.   7 fr.

Édition estimée pour son exactitude. Taches de rousseur.

2891. Paradin. Gulielmi Paradini memoriæ nostræ libri quatuor. *Lugduni, apud Joan. Tornæsium,* 1548 ; pet. in-fol., vélin.   30 fr.

ÉDITION ORIGINALE de cette histoire contemporaine que l'auteur traduisit et donna deux ans plus tard sous le titre d'*Histoire de notre temps.* Mouillures.

2892. Paradoxe sur les femmes où l'on tâche de prouver qu'elles ne sont pas de l'espèce humaine. *Cracovie* (France), 1766 ; in-12, cart. 5 fr.

Traduction libre par le médecin Charles Clapiès, de l'opuscule édité en latin par Valens Alcidalius.

2893. Parny. Œuvres d'Évariste Parny. *Paris,* 1808 ; 5 vol. in-12, basane, dos ornés, dent.   12 fr.

Bel exemplaire.

2894. Parthenius. Parthenii nicænsis, de Amatoriis affectionibus liber (græcè et latinè). Jano cornario Zuiccaviensi interprete. (*Basileæ, in off. Frobeniana,* 1531 ; in-8, veau fauve, dos orné, fil., (*Rel. anc.*).   25 fr.

PREMIÈRE ÉDITION de ce livre rare ; elle comprend 54 pp. pour le texte latin, 5 ff. blancs et 22 ff. pour le texte grec, y compris le f. final portant la marque de l'imprimeur.

2895. Pascal (Blaise). Les Pensées, suivies d'une nouvelle table analytique. *Paris, Aimé André,* 1839 ; in-8, portr., br.   5 fr.

PAPIER VÉLIN. De la Collection des classiques français.

2896. Pascal (Blaise). Traitez de l'équilibre des liqueurs et de la pesanteur de la masse de l'air. *Paris, G. Desprez,* 1663 ; in-12, peau. 12 fr.

2 planches. Aux armes de César de CRÉMAUX, marquis d'ENTRAGUES.

2897. Passe-Partout (le) galant, par M***, chevalier de l'ordre de l'industrie et de la gibecière. *A Constantinople ; à l'impr. de sa Hautesse,* 1710. — L'art de plumer la poulle sans crier. *A Cologne, chez Robert le Turc,* 1710 ; ensemble 2 tomes en 1 vol. pet. in-12, vélin à recouvrements.   15 fr.

Le premier volume est un recueil d'anecdotes satiriques dirigées contre le clergé. Le second un recueil d'histoires galantes où les magistrats et les financiers jouent des rôles peu édifiants. Frontispice représentant une vue de Paris.

2898. Paul (Constantin). Diagnostic et traitement des maladies du cœur. *Paris, Asselin,* 1883 ; in-8, br. 7 fr.

Figures dans le texte.

2899. Pellissier. Les chefs-d'œuvre de l'Art moderne. Son passé, son présent, son avenir. *Paris, Laurens,* 1883 ; in-8, br.   4 fr.

Figures dans le texte.

2900. Perrault. Histoires ou Contes du temps passé. Avec des Moralitez. Par le Fils de Monsieur Perreault de l'Académie françoise. *Suivant la copie. A Paris (Amsterdam),* 1697 ; pet. in-12, mar.

bleu, fil., doublé de mar. citron, dent. , tr. dor. (*Trautz-Bauzonnet*).   600 fr.

4 ff. préliminaires pour le frontispice, le titre, l'épître à Mademoiselle. 176 pp. pour le texte et la table.

Le frontispice et les 8 vignettes sont les copies réduites des figures de l'édition de Paris.

2901. Perret (Jean-Jacques). L'Art du coutelier expert en chirurgie. *S. l.*, 1772 ; in-fol., cart.   20 fr.

Seconde partie de l'art du Coutelier, contenant 49 pl. numérotées 123 à 172.

2902. Perrot (J.-F.-A.). Lettres sur Nismes et le Midi, histoire et description des monumens antiques du Midi de la France. *Nismes, l'auteur*, 1840 ; 2 vol. in-8. br.   10 fr.

Planches lithographiées.

2903. Pétrarque. Choix des Poésies de Pétrarque, traduites de l'italien par M. Levesque. Nouvelle édition corrigée et augmentée. *A Venise (Cazin) et Paris, Hardouin et Gattey*, 1787 ; 2 vol. in-18, portr. et titre gravés, veau, tr. dor.   6 fr.

2904. Peyronnet (Comte de). Pensées d'un prisonnier. *Paris*, 1834 ; 2 vol. in-8, br.   4 fr.

2905. Pezzi (Lorenzo). La Vigna del Signore, nellaquale si dichiarano i Santissimi sacramenti, et si descrivono il Paradiso, il Limbo, il Purgatorio et l'Inferno, del R. D. Lorenzo Pezzi da Cologna. *Venetia, appr. Guiolamo Porro*, 1589 ; pet. in-4, vélin.   30 fr.

Titre, portrait, 1 pl. pliée et 15 figures très finement gravés sur cuivre. Bel exemplaire.

2906. Phèdre. Fables de Phèdre, affranchi d'Auguste, traduites en français (par MM. de Port Royal et retouchée par Camus), avec le texte à côté. *Paris, impr. de Didot l'aîné*, 1806 ; 2 vol. in-18, demi-rel. dos et coins de mar. rouge, *non rognés*.   25 fr.

PAPIER VÉLIN. 110 figures en taille-douce de *Morthey*.

2907. Physique (la) occulte, ou traité de la baguette divinatoire. *La Haye, Adr. Moetjens*, 1762 ; 2 vol. in-12, demi-rel. veau gris, *non rognés*.   12 fr.

Cet ouvrage est de Pierre Le Lorrain, dit l'abbé de Vallemont.

Bel exemplaire, orné de jolies figures en taille-douce.

2908. Pick (Eugène), de l'Isère. Les Fastes de la grande armée d'Orient. Histoire politique, militaire et maritime des campagnes de Crimée et de la Baltique. *Paris*, 1857 ; in-8, portr., demi-rel. chagr. noir. 4fr.

2909. Pièces politiques (Recueil de) publiées de 1815 à 1824 ; 18 vol. in-8, cart.   40 fr.

Rapports, discours, pétitions, pièces satiriques, comédies, etc., etc.

2910. Piganiol de la Force. Nouvelle description des châteaux et parcs de Versailles et de Marly, contenant une explication historique de toutes les peintures, tableaux, statues, vases et ornemens qui s'y voient, etc. Sixième édition. *Paris, Vve Delaulne*, 1730 ; 2 vol. in-12, veau.   8 fr.

Plans et figures en taille-douce.

2911. Pigault-le-Brun. Les Barons de Felsheim, histoire Allemande qui n'est pas tirée de l'Allemand. *Paris, Barba, an VI* (1798) ; 4 tomes en 2 vol. in-12, basane.   8 fr.

4 frontispices par *Le Grand*. Roman plein de verve et de gaîté.

2912. Placidi Parmensis eximii ac eruditissimi theologi, in omnes Davidis regis Psalmos succincta ac nova commentaria. *Basileæ*, 1569, *per Petrum Pernam* ; in-4, mar. citron, dos orné, fil. (*Rel. anc.*). 85 fr.

Aux premières armes de Jacques-Auguste DE THOU, avec son chiffre sur le dos du volume.

2913. Poésies diverses. *Berlin, Ch.-Fred. Voss*, 1760 ; in-4, veau. 10 fr.

Ces poésies du grand Frédéric ont été publiées par les soins de J.-B. de Boyer d'Argens et de L. de Beausobre.

Frontispice, vignettes et culs-de-lampe par *Meil.*

2914. Poetarum veterum ecclesiasticorum opera christiana et operum fragmenta ; thesaurus catholicæ et orthodoxæ ecclesiæ et antiquitatis religiosæ. Collectus, emendatus, digestus et commentario expositus studio Geor. Fabricii. *Basileæ, Oporinus*, 1564, *mense martio* ; in-4, peau de truie estampée, fermoirs (*Rel. anc.*).   40 fr.

Édition imprimée en lettres italiques. Bon exemplaire conservé dans sa curieuse reliure d'officine ornementée de fers à froid. L'un de ces fers est daté de 1562.

Et de Livres anciens et modernes

2915. Poète (Le), ou mémoires d'un homme de lettres (Desforges) écrits par lui-même. *Hambourg*, 1799 ; 8 tomes en 4 vol. pet. in-12, fig., demi-rel. bas.   60 fr.

Ouvrage intéressant dans lequel Desforges raconte ses bonnes fortunes, illustré de figures non signées.

2916. Politianus (Angelus). Illustrium virorum epistolæ ab Angelo Politiano partim scriptæ partim collectæ, cum Sylvianis commentariis et Ascensianis scholiis, non parum auctis et diligenter repositis. Addidit enim Sylvius omnium fere argumenta et quæ duodecim chartis etiam integris capi nequeant, expositiones optimas.(*Paris*),*JosseBade*, 1520 ; in-4, veau brun, ornements à froid (*Rel. anc.*).   20 fr.

Mouillures. Reliure fatiguée.

2917. Pomet. Histoire générale des drogues simples et composées, renfermant dans les trois classes des végétaux, des animaux et des mineraux, tout ce qui est l'objet de la physique, de la chimie, de la pharmacie et des arts les plus utiles à la société des hommes. *Paris, Ganeau*, 1735 ; 2 vol. in-4, veau, dos ornés.   25 fr.

Ouvrage enrichi de plus de quatre cents figures en taille-douce.

2918. Porta (J.-B.). La Physionomie humaine, divisée en quatre livres. Enrichie de quantité de figures tirées au naturel, où par les signes extérieurs du corps, on voit si clairement la complexion, les mœurs et les dessins des hommes, qu'on semble pénétrer jusqu'au plus profond de leurs âmes. Nouvellement traduite du latin par le sieur Rault. *Rouen, Jean et David Berthelin*, 1655 ; in-8, vélin.   25 fr.

Édition imprimée à Rouen par Claude Grivet, ornée de nombreuses figures sur bois comparant les faces humaines à différentes têtes d'animaux.

2919. Portefeuille de l'ami des livres. Recueil de réimpressions faites par René Muffat ; in-12, br. 15 fr.

14 pièces imprimées sur papier vergé : Louange de la Victoire du très chrétien roy de France. — Le Banquet du boys. — Les Marques des sorciers. — Histoire tragique d'un jeune gentilhomme. — Le plaisant Discours d'un médecin. — Estrennes de l'Asne. — Le doux et gracieux traictement des partisans du roy de Navarre, etc.

2920. Portraits. Saxoniæ Ducum Cæsarib. creand viivirum ; et cæterorum à Friderico I ad Christianum II fratres et agnatos Genuinæ effig. cum collec. et epigramm. Marci Henningi. *Augustæ Vindelicorum, ex cœlatura et officina Dom. Custodis*, 1601 ; pet. in-fol. vélin.   **25 fr.**

Titre gravé, 3 frontispices et 21 portraits des ducs de Saxe par *Dominique Custos*.

2921. Potvin (Ch.). Bibliographie de Chrestien de Troyes, comparaison des manuscrits de Perceval le Gallois. Un manuscrit inconnu. *Bruxelles et Paris*, 1863 ; in-8, front., demi-rel. veau fauve, tête dor., *non rogné*.   8 fr.

2922. Poudra et Eug. **Pierre**. Traité pratique du Droit parlementaire. *Versailles et Paris*, 1878 ; in-8, br.   5 fr.

2923. Pougeus (Ch.). Trésor des origines et dictionnaire grammatical raisonné de la langue française. *Paris, Impr. Royale*, 1819 ; in-4, demi-veau vert.   6 fr.

Spécimen composé de 50 articles pris dans les 3 premières lettres de l'alphabet.

2924. Poullain Duparc. Observations sur les ouvrages de feu M. de la Bigotière de Perchambault, doyen du parlement de Bretagne. *Rennes, Vatar*, 1766 ; in-12, veau.   4 fr.

Livre relatif aux Coutumes de Bretagne.

2925. Prade (de). Histoire du Tabac, où il est traité particulièrement du tabac en poudre, par M. de Prade. *Paris, Le Prest*, 1677 ; in-12, veau.   5 fr.

Portrait du Marquis de Foix et 2 pl. en taille-douce. _

2926. Pradt (de). Du Congrès de Vienne. *Paris, Deterville*, 1815 ; 2 vol. in-8, demi-rel. basane. 5 fr.

2927. — Mémoires historiques sur la révolution d'Espagne. *Paris*, 1816 ; in-8, demi-rel. basane. 4 fr.

2928. Privat-Deschanel et **Focillon**. Dictionnaire général des Sciences théoriques et appliquées. *Paris, Delagrave*, 1870 ; 2 vol. gr. in-8, fig. dans le texte, demi-rel. chagr. rouge.   12 fr.

Tache et nom sur le titre.

Achat de Bibliothèques

2929. **Proyart** (l'abbé). Vie de Madame Louise de France, religieuse carmélite, fille de Louis XV. Nouvelle édition. *Lyon, Rusand*, 1805 ; 2 vol. in-12, portr., cart., *non rognés*.   6 fr.

2930. **Quercy** (Thomas de). De l'antiquité de la ville et citté d'Aleth ou Quidalet. 1628 ; in-fol., cart. 20 fr.

> Copie manuscrite du XVIIᵉ siècle de l'édition publiée à Saint-Malo en 1628.
> L'ancienne Aletum était situé près ·de Saint-Servan où ses ruines se voient encore aujourd'hui. Jusqu'au XIIᵉ siècle elle fut le siège d'un évêché, transféré depuis à S.-Malo.

2931. **Quinet** (Edgard). La Révolution. Quatrième édition. *Paris, Lacroix, Verboeckhoven*, 1866 ; 2 vol. in-8, demi-rel. veau rouge, tr. jaspée.   8 fr.

2932. **Quintilien**. M. Fabii Quintiliani Oratoris eloquentissimi. institunionum oratoriarum Libri XII. *Parisiis, Ex officina*. Rob. *Stephani*. 1542 ; in-4, veau.   20 fr.

2933. **Rabaut** (J.-P.). Almanach historique de la Révolution française pour l'année 1792. *Paris, Onfroy* (1792) ; in-16, demi-rel. mar. rouge, tête dor., *non rogné*. 16 fr.

> 6 charmantes figures par *Moreau le jeune* gravées par *Simonet, Langlois, Halbou, Hubert, Coiny* et de *Longueil*.

2934. **Rabelais**. Œuvres de Rabelais. *Paris, Th. Desser*, 1820 ; 3 vol. pet. in-12, cart., dos de mar., *non rognés*.   15 fr.

> Jolies figures gravées sur bois par *Thompson*.

2935. **Recherches** historiques sur les Cartes à jouer, avec des notes critiques et intéressantes (par Bullet). *Lyon, Deville*, 1757 ; in-12, veau fauve.   12 fr.

> Piqûre de vers.

2936. **Reclus** (Elisée). Nouvelle Géographie universelle. L'Europe du Nord-Ouest (Belgique, Hollande, îles Britanniques). *Paris, Hachette*, 1879 ; in-4, br.   12 fr.

> 6 cartes en couleur, 205 cartes dans le texte et 81 vues et types gravés sur bois.

2937. **Recueil** de dissertations anciennes et nouvelles sur les apparitions, les visions et les songes, avec une préface historique par l'abbé Lenglet Dufresnoy. *Avignon, et Paris, Leloup*, 1751 ; 4 vol. in-12, br.   10 fr.

2938. **Recueil** factice de 4 pièces en un vol. in-8, fig., veau marbré, dos orné, fil., tr. dor. (*Rel. anc.*).   15 fr.

> Rendez à César ce qui appartient à César. Introduction à une nouvelle histoire philosophique des papes. S. l., 1783 ; 1 portr. et 1 fig. — Errotika biblion. *Rome*, 1783. — Réforme du clergé par l'auteur du C. C. S. l., 1783. — Qu'est-ce que le pape ? traduit de l'allemand par M. Deschamps de Saucourt. S. l. n. d.

2939. **Recueil** des Mémoires ou Factums qui ont paru par devant le Parlement de Provence pour et contre la demoiselle Catherine Cadière, Estienne-Thomas Cadière, et Messire François Cadière, ses frères, le P. Girard et le P. Nicolas. *Marseille, Dominique Sibié*, 1731 ; in-fol., veau brun.   25 fr.

2940. **Recueil** de pièces politiques, historiques et religieuses relatives à la Restauration. *Paris*, 1815-1821 ; 2 vol. in-8, demi-rel. bas.   15 fr.

> 15 pièces parmi lesquelles : Vrais principes de l'église gallicane de l'abbé de Frayssinous ; Lettre de Ch. Haller. — Du système politique par Chateaubriand. — Eloge et Oraison funèbre du duc de Berry et relation historique des événemens funèbres de la nuit du 13 février 1820. — Récit des opérations de l'Armée royale du Midi.

2941. **Recueil** des plus belles pièces des Poëtes françois depuis Villon jusqu'à Benserade. *Paris, Compagnie des libraires*, 1752 ; 6 vol. in-12, veau fauve, dos orné, fil. (*Rel. anc.*).   15 fr.

2942. **Recueil** de prédictions intéressantes faites depuis 1739 par diverses personnes, sur plusieurs événements importants. *Paris*, 1792 ; 2 vol. in-12, demi-rel. veau.   6 fr.

> Le titre du tome Iᵉʳ manque.

2943. **Recueil de Romances** historiques, tendres et burlesques, tant anciennes que modernes, avec les airs notés par M. D. L... (de Lusse). *S. l. (Paris)*. 1767 ; 2 vol. in-8, veau marbr., dos orné (*Rel. anc.*).   15 fr.

> Frontispice par *Eisen* gravé par de *Longueil* et fleuron sur le titre par *Eisen*.

Et de Livres anciens et modernes

2944. Regnier. Les Satyres du sieur Regnier. Dernière édition, reveue, corrigée et de beaucoup augmentée, tant par le sieur de Sigogne que de Berthelot. *Paris, N. et J. de la Coste,* 1635 ; pet. in-8, vélin. 15 fr.

Bon exemplaire. Signature sur le titre.

2945. Rémusat (Comtesse de). Essai sur l'éducation des Femmes. *Paris, Ladvocat,* 1824 ; in-8, demi-rel. veau, dos orné.   4 fr.

2946. Restif de la Bretonne. La dernière Aventure d'un homme de quarante-cinq ans. *Genève et Paris,* 1783 ; 2 vol. in-12, fig., demi-rel. dos et coins de mar. citron, dos orné, fil., tr. dor. (*Hardy*). 25 fr.

Episode de la vie de l'auteur, orné de trois figures par *Binet;* gravées par *Giraud l'aîné* et *Pouquet.* Remarquons que Paul Lacroix dans sa Bibliographie de Restif ne signale pas la troisième figure qui doit illustrer la p. 50 de la 1re partie. Bel exemplaire.

2947. Restif de la Bretonne. L'Ecole des Pères. *En France et à Paris, chez la V*ve* Duchesne,* 1776 ; 2 vol. in-12, demi-rel. basane, dos orné, tr. rouges.   12 fr.

2948. Restif de la Bretonne. Les Françaises ou XXXIV exemples choisis dans les mœurs actuelles propres à diriger les filles, les femmes, les épouses et les mères. *A Neufchâtel et se trouve à Paris, chés Guillot,* 1786 ; 4 vol. in-12, demi-rel. mar. rouge, tête dor., éb. 25 fr.

Manquent les figures.

2949. Restif de la Bretonne. La Malédiction paternelle. Lettres sincères et véritables de N*** à ses parents, ses amis, et ses maîtresses. Recueillies et publiées par Timothée Joly, son exécuteur testamentaire, *Leipsick et Paris ;* 3 vol. in-12, veau.   28 fr.

3 figures-frontispices par *Binet,* gravées par *Berthet.*

2950. Restif de la Bretonne. Les Parisiennes, ou XL caractères généraux pris dans les mœurs actuelles, propres à servir à l'intruction des personnes du sexe. *Neuchâtel et Paris, Guillot,* 1787 ; 4 vol. in-12, demi-rel. veau. 80 fr.

20 jolies figures de *Binet* gravées en taille-douce.

2951. Restif de la Bretonne. Le Paysan perverti ou les dangers de la ville. Histoire récente, mise au jour d'après les véritables lettres des personnages. *La Haie et Paris,* 1789 ; 4 vol. in-12, br.   15 fr.

2952. Restif de la Bretonne. La Paysanne pervertie ou les dangers de la ville. *Paris, V*ve* Duchesne,* 1784 ; 4 vol. in-12, d.-rel. veau. 100 fr.

38 figures de *Binet.*

2953. Restif de la Bretonne. Le Quadragénaire ou l'âge de renoncer aux passions. Histoire utile à plus d'un lecteur. *A Genève et à Paris, chés la V*ve* Duchêne.* 1777 ; 2 vol. in-12, veau. (*Rel. anc.*).   40 fr.

15 figures en taille-douce, dont 2 signées *Bacquoy* et *Berthet.*

2954. Rhodiginus (Ludov.-Cælius). Antiquarum lectionum libri sexdecim. *Venetiis, in ædibus Aldi et Andreæ soceri,* 1516 ; in-fol de 40 ff., 862 pp. et 3 ff., veau marbr. 35 fr.

ÉDITION ORIGINALE, dédiée par l'auteur au célèbre bibliophile *Jean Grolier.* Exemplaire provenant des doubles de la bibliothèque du duc d'Aumale.

2955. Richer (le Dr Paul). Études cliniques sur l'hystéro-épilepsie ou grande hystérie. *Paris, Delahaye,* 1881 ; gr. in-8, br.   8 fr.

105 figures dans le texte et 9 gravures à l'eau-forte.

2956. Richer (L.). L'Ovide bouffon, ou les métamorphoses travesties en vers burlesques. *Paris, Est. Loyson,* 1662 ; front., in-12, veau brun, dos orné, tr. dor.   12 fr.

Cette édition contient un Madrigal adressé par Scarron à Richer. L'achevé d'imprimer est du 15 novembre 1661.

2957. Rohan (duc de). Mémoires du duc de Rohan, sur les choses qui se sont passées en France depuis la mort de Henri le Grand jusqu'à la paix faite avec les Réformés au mois de juin 1629. *Amsterdam,* 1756 ; 4 parties en 2 vol. pet. in-8, cart., *non rognés.*   12 fr.

2958. Rohant de Fleury. Les monuments de Pise au moyen-âge. *Paris, Morel,* 1866 ; gr. in-8, fig., demi-rel. mar. brun.   7 fr.

2959. Roland (Madame). Sa détention à l'Abbaye et à Sainte-Pélagie, 1793, racontée par elle-même dans ses mémoires. *Paris, G. Hurtrel,* 1886 ; pet. in-8 carré, br.   6 fr.

Illustrations de *A. Poirson.*

2960. **Rolando** (Gusman). The modern Art of Fencing agreeably to the practice of the most eminent masters in Europe, by le sieur Gusman Rolando. Carefully revised and augmented with a technical glossary, etc. by J. S. Forsyth. *London, Samuel Leigh,* 1822 ; pet. in-12, mar. vert.   50 fr.

Ouvrage illustré de charmantes figures en couleur dessinées par *W. Derby* et gravées par *Sid. Hall,* donnant toutes les attitudes de l'escrime. Elles sont en outre curieuses par les divers costumes des personnages représentés.

2961. **Rolland** (Le président). Recherches sur les prérogatives des dames chez les Gaulois, sur les Cours d'amour, ainsi que sur les privilèges qu'en France les mères nobles transmettaient autrefois à leurs descendans. *Paris, Nyon,* 1787 ; in-12, demi-rel. veau.   5 fr.

2962. **Rousselet** (Louis). L'Inde des Rajahs. Voyage dans l'Inde centrale et dans les présidences de Bombay et du Bengale. *Paris, Hachette,* 1875 ; in-4, demi-rel. chagrin rouge, plats toilé, tr. dor. 35 fr.

Très bel ouvrage orné de 317 gravures sur bois et de 6 cartes.

2963. **Ruffi** (Antoine de). Histoire de la ville de Marseille, contenant tout ce qui s'y est passé de plus mémorable depuis la fondation, durant le temps qu'elle a esté République et soubs la domination des Romains, Bourguignons, etc. *Marseille, Cl. Garcin,* 1642 ; in-fol., vélin. 15 fr.

Exemplaire fatigué.

2964. **Ruses** (les) des filous et escrocs dévoilées (par J.-F. Tissot). *Paris, G. Mathiot* 1811 ; 2 vol. in-12, demi-rel. chagr. vert, *non rognés.*   10 fr.

2 figures en taille-douce.

2965. **Saint-André.** Lettres de M. de Saint-André, conseiller-médecin ord. du Roy, à quelques-uns de ses amis, au sujet de la Magie, des Maléfices et des Sorciers, *Paris, Despilly,* 1725 ; in-12, veau granit, dos orné. (*Rel. anc.*). 10 fr.

2966. **Saint-Foix** (Poulain de). Essais historiques sur Paris. Nouvelle édition, revue, corrigée et augmentée. *A Londres, et à Paris, Duchesne,* 1759 ; 3 vol. in-12, front., veau marbré (*Rel. anc.*).   15 fr.

2967. **Saint-Pierre** (Bernardin de). Œuvres complètes, augmentées de divers morceaux inédits, mises en ordre et précédées de la vie de l'auteur. Par L. Aimé-Martin. *Paris, Didier,* 1833 ; 12 vol. in-8, portr., cart. toile.   25 fr.

2968. **Sainte-Marie-Magdeleine** (Dom Pierre d'Abbeville). Traitté d'Horlogiographie, contenant plusieurs manières de construire, sur toutes surfaces, toutes sortes de lignes horaires ; et autres cercles de la sphère. *Paris, J. Dupuis,* 1665 ; pet. in-8 vélin.   10 fr.

Frontispice et 72 planches.

2969. **Sandrart.** Passio Domini Nostri Jesu Christi Neo-cœlatis iconibus expressa, oder Abbildung des bittern Leidens und Sterben, siegreicher Aufferstehung von den Todten und Triumphirender Himmelfahrt Jesu Christi. Neu-ersonnen und gezeichnet von Johann Jacob von Sandrart. In Kupffer gebracht und an Tag gegeben von Christoph Weigel. *Augspurg,* 1693 ; gr. in-8, mar. noir, dos orné, comp. dor. et à froid, tr. dor., fermoirs (*Rel. anc.*).   80 fr.

Bel ouvrage entièrement gravé, comprenant un frontispice, un titre et 100 figures en taille-douce dus au burin de *Christophe Weigel* d'après les belles compositions de *Sandrart.*

2970. **Sappey** (C.). Traité d'anatomie descriptive. *Paris, Delahaye,* 1876 ; 4 vol. in-8, cart.   25 fr.

Figures dans le texte. Publié à 60 fr.

2971. **Satyre Ménippée** de la vertu du catholicon d'Espagne et de la tenue des estatz de Paris. Nouvelle édition revue sur le texte complet de 1594, par Edouard Tricotel. *Paris, Alph. Lemerre,* 1877-1881 ; 2 vol. in-12, br.   10 fr.

Imprimé sur PAPIER VERGÉ par L. Perrin, de Lyon.

2972. **Savérien** (De), Dictionnaire historique, théorique et pratique de Marine. Seconde édition, corrigée et considérablement augmentée. *Paris, Cellot,* 1781 ; 2 vol. in-12, cuir de Russie, fil. à froid, tr. dor.   12 fr.

Bel exemplaire.

Et de Livres anciens et modernes

2973. Scamozzi (Vincent). Œuvres d'Architecture. *La Haye, P. de Hondt*, 1736 ; in-fol., bas.   15 fr.
Traduction d'Aug. Charles d'Aviler et de Samuel du Ry.
Nombreuses planches sur cuivre.

2974. Sextus [Empiricus] philosophi Pyrrhoniarum hypotyposeon libri III. Quibus in tres philosophiæ partes severissime inquiritur. Græcè nunquam latine nunc primum editi interprete Henrico Stephano. *Anno 1542 excudebat idem Henricus Stephanus, illustris viri Huldrici Fuggeri typographus ;* in-8, vélin.   20 fr.
Nom gratté sur le titre.

2975. Shakspeare. Œuvres dramatiques , traduites par Letourneur. *Paris, impr. Saintin,* 1835 ; 2 vol. in-8 à 2 col., portr., demi-rel. dos et coins de chagr. vert, tr. dor.   10 fr.

2976. Somaize. Le Grand Dictionnaire des Pretieuses, historique, poétique, géographique, cronologique et armoirique ; où l'on verra leur Antiquité, Coustumes , Devises, Eloges , Etudes, Guerres, Héresies, Jeux , Lois , Langage, Mœurs, Mariage, Noblesse, par le sieur de Somaize. *Paris , Jean Ribou,* 1661 ; 3 part. en un vol. in-12, demi-rel. veau, tr. rouge. 20 fr.
La 3ᵉ partie donne la clef des Précieuses.

2977. Staël (Baronne de). Considérations sur les principaux événemens de la Révolution françoise, ouvrage posthume de Mᵐᵉ la baronne de Staël, publié par M. le duc de Broglie et M. le baron de Staël. *Paris , Delaunay ,* 1818 ; 3 vol. in-8, demi-rel. veau.   12 fr.

2978. Stradan (J.). Passio, mors et resurrectio Dn. nostri Jesu Christi. Iconibus artificiosissimis, à celeberrimo pictore Joanne Stradano Belga delineata et a Philippo Gallæo æneis formis incisa. (*Antverpiæ, circa.* 1580) ; in-4 obl., demi-rel. bas.   30 fr.
Titre, dédicace, portrait et 37 planches sur cuivre.
On a relié à la suite, 13 planches de *M. de Vos* représentant la crucifixion de Jésus et le martyre des 12 Apôtres. — Taches.

2979. Straparole. Les Facetieuses Nuicts du seigneur Straparole (traduites par J. Louveau, revues par P. de Larivey). *S. l.* (*Paris, Guérin*), 1726 ; 2 vol. in-12, veau. 50 fr.
Belle édition publiée par Bernard de La Monnoye.

2980. Straszewicz (Joseph). Emilie Plater, sa vie et sa mort ; avec une préface de M. Ballanche. *Paris,* 1835 ; in-8, veau vert, dos orné, fil., tr. dor.   10 fr.
Ce livre est un des épisodes de l'insurrection polonaise de 1830.
Joli portrait lithographié par *Devéria*.

2981. Subligny. La Fausse Clélie, histoire françoise, galante et comique. *Amsterdam, Jacques Wagenaar,* 1672 ; in-12, vélin à recouvrements, tr. dor.   6 fr.
Bel exemplaire.

2982. Sucquet (Ant.). Andächtige Bedanken zur Vermeidung des bosen und Vollbringung des guten. *Wien,* 1681 ; in-4, goth., veau. 15 fr.
32 gravures sur cuivre gravées par *Lerch.*

2983. Surirey de Saint-Remy. Mémoires d'Artillerie. *Paris, J. Anisson,* 1697 ; 2 vol. in-4, veau. 50 fr.
Intéressant ouvrage sur l'artillerie à la fin du XVIIᵉ siècle, orné d'un grand nombre de planches gravées sur cuivre par *P. le Pautre* d'après *Edme Fourier.* — Le second volume se termine par un « Dictionnaire des mots et des termes qui sont propres à l'Artillerie ». — Reliure fatiguée.

2984. Surville (Clotilde de). Poésies [et poésies inédites] de Clotilde de Surville, poëte français du XVᵉ siècle. Nouvelle édition publiée par C. Vanderbourg. *Paris, Nepveu,* 1825-1826 ; 2 vol. in-12, demi-rel. mar. vert, tête dor., *non rognés.* 20 fr.
Gravures avec encadrements gothiques d'après *Colin.*
Le second volume a été publié par Charles Nodier et de Roujoux.

2985. Swift. Voyages de Gulliver, traduits par M. l'abbé Desfontaines. Nouvelle édition. *Paris, Musier,* 1772, 2 vol. in-12, fig., veau. 8 fr.
Quelques taches.

2986. Symeoni (Gabriel). La Sententiose imprese di Monsignor Paulo Giovo et del signor Gabriel Symeoni, ridotte in rima per il detto Symeoni. *Lyone, Gul. Roviglio,* 1561. — Dialogo pio et Speculativo con diverse sentenze latine e volgari. *Lyone, Gugl. Roviglio,* 1560. En un vol. in-4, vélin.   35 fr.
Le premier volume renferme de jolies

figures emblématiques gravées sur bois ; le second des reproductions gravées sur bois de médailles antiques.

2987. Tableaux historiques (Collection complète des) de la Révolution française en trois volumes. *Paris, Auber* (imprimé par Didot l'aîné), 1802 ; 3 vol. in-fol., maroq. rouge, tr. dor. (*Rel. anc*).   800 fr.

Un des ouvrages les plus remarquables sur la Révolution française. Texte de l'abbé Fauchet et de Chamfort, revu et expurgé par Guingené et Pagès. Il est illustré de 222 planches dont 3 frontispices de *Fragonard fils*, une suite de 144 planches par divers artistes et 66 portraits de personnages qui ont le plus marqué dans la Révolution, par *Levachez*, avec jolies scènes de *Duplessis-Bertaux* qui sont de vrais chefs-d'œuvre.

2988. Tablettes historiques, généalogiques et chronologiques. (Par Chasot de Nantigny). *Paris, Legras*, 1749-1757 ; 8 vol. in-12, demi-rel. veau.   35 fr.

Collection complète. Recueil comprenant principalement les duchés et toutes les terres érigées en titre de marquisat, comté, vicomté et baronie, etc. — Le 8ᵉ vol. est relié en veau plein.

2989. Tasse (Le). Les Veillées du Tasse, avec le texte italien en regard ; précédées de mémoires historiques et de recherches littéraires sur sa vie. Traduites par M. B. Barère. *Paris, Crapelet*, 1804 ; in-12, mar. rouge, fil., tr. dor. (*Rel. anc.*). 25 fr.

Bel exemplaire en GRAND PAPIER, avec les 4 figures de *Myris* gravées par *Saint-Aubin, Bacquoy* et *Delvaux*, tirées AVANT LA LETTRE.

2990. Testament (Nouveau). Version du nouveau Testament selon la Vulgate, par le P. Amelotte. Nouvelle édition revue et corrigée. *Paris, Mazières et Garnier*, 1738 ; 2 vol. in-12, mar. citron, dos ornés, fil., tr. dor. (*Rel. anc.*).   250 fr.

Bel exemplaire aux armes du cardinal de ROHAN.

2991. Thiers (Adolphe). Histoire du Consulat et de l'Empire. *Paris, Furne*, 1845-1860 ; 20 vol., in-8 br.   45 fr.

2992. Thiers (Ad.). Histoire de la Révolution française. *Paris, Furne*, 1858-1862 ; 10 vol. in-8, br. 25 fr.

Figures sur acier.

2993. Thiers (A.). Histoire de la Révolution française. Huitième édi-

tion. *Paris, au Bureau des Publications illustrées*, 1842 ; 4 vol. gr. in-8, demi-rel. mar. bleu, dos ornés, fil.   20 fr.

Bel exemplaire orné de jolies figures hors texte: portraits et scènes gravés par *Tavernier, Blanchard, Wolff, Geoffroy, Pelée*, etc. d'après les tableaux de *Ary Scheffer*.

2994. Troude (O.). Batailles navales de la France. Publié par P. Levot. *Paris, Challamel*, 1867-1868 ; 4 vol. in-8, demi-rel. veau.   15 fr.

2995. Verdizotti (Gio.-Mario). Cento favole morali dei più illustri antichi e moderni autori greci e latini, scielte e trattate in varie manieri diversi volgari. *Venetia, Franç. Ziletti*, 1586 ; in-4, vél. 35 fr.

Figures gravées sur bois par *Verdizotti* lui-même.

2996. Vergilius (Polydorus). De Inventoribus rerum prior editio, tribus primis contenta libris, ab ipso autore recognita, et locupletata ubi visa et materia sic poscere. *Parisiis, ex-officina Roberti Stephani*, 1528 ; in-4, veau, tr. dor. (*Rel. anc.*)   30 fr.

L'achevé d'imprimer est du 6 des ides de janvier 1529. Nom gratté sur le titre,

2997. Vergilius (Polydorus). De rerum inventoribus libri octo. Ejusdem in dominicam precem commentariolum. Item dialogorum de prodigius libri tres. *Basileæ, apud Mich. Isingrinum*, 1540 ; in-8, vélin.   15 fr.

Impression en caractères italiques.

2998. Vie (la) de Jean-Baptiste Colbert, ministre d'Etat sous Louys XIV, roi de France (par Gatien Sandras de Courtilz). *Cologne*, 1695 ; pet. in-12, front., mar. brun jans., doublé de veau fauve, tr. dor. (*Chatelain*).   25 fr.

2999. Virgile. La Georgica di Virgilio. Nuovamente di latina in thoscana favella, per Bernardino Daniello tradotta e commentata. *In Venetia, appresso Joan. Gryphio*, 1549 ; in-4, vélin.   40 fr.

Belle édition imprimée par Gryphe en caractères italiques et illustrée de jolis en-têtes gravés sur bois.

Le Propriétaire-Gérant : THÉOPHILE BELIN.

CHATEAUDUN. — Imprimerie de la Société Typographique (*Téléphone*).

LIVRES ARMORIÉS

1. **Histoire** (l') naturelle éclaircie dans deux de ses parties principales : la lithologie et la conchyliologie, dont l'une traite des pierres et l'autre des coquillages, ouvrage dans lequel on trouve une nouvelle méthode et une notice critique des principaux auteurs qui ont écrit sur ces matières, par M*** (Dézallier d'Argenville). *Paris, De Bure*, 1742; in-4, mar. rouge, fil., dos orné, tr. dor. (*Rel. anc.*) 250 fr.

Beau volume enrichi d'un frontispice de *Boucher* et de 32 pl. gravées en taille-douce reproduisant d'après nature les différents coquillages. Aux armes du chancelier D'AGUESSEAU sur le dos et sur les plats.

2. **Horace**. Q. Horatii Flacci carmina expurgata. Cum adnotationibus ac perpetuâ interpretatione Josephi Juvencii. *Parisiis, J. Barbou*, 1754; 3 vol. in-12, front., mar. rouge, dos ornés, fil., tr. dor. (*Rel. anc.*). 100 fr.

Bel exempl. aux armes du roi LOUIS XV.

3 **Interpretation** des pseaumes avec la vie de David (par l'abbé de Choisy). *Paris, Mabre-Cramoisy*, 1687; in-4, mar. rouge, fil., dos orné, tr. dor. (*Rel. anc.*). 150 fr.

Frontispice de *Parosel* gravé par *Roullet*. Aux armes de CÉSAR D'ESTRÉES.

4. **Leporcq** (Jean). Les Sentimens de Saint-Augustin sur la grace opposez à ceux de Jansenius. *Paris, Muguet*, 1682; in-4, mar. rouge, fil., dos orné, tr. d. (*Duseuil*). 150fr.

Aux armes de LA VERGNE DE MONTEYNARD DE TRESSAN, archevêque de Rouen.

5. **Loaisa** (Gar.). Collectio conciliorum Hispaniæ, diligentia Garsiæ Loaisa elaborata, ejusque Vigiliis aucta. *Madriti, Petrus Madrigal*, 1593; pet. in-fol., mar. rouge, fil., dos orné. (*Rel. anc.*). 120fr.

Aux armes et au chiffre de COLBERT.

6. **Martignoni** (Gir.-A.). Spiegazione della carta istorica dei l'Italia, e di una parta della Germania della Nascita di Gesu' Cristo fino all'anno 1700. *Roma*, 1721; in-4, mar. rouge, orn. dor. sur les plats, dos orné, tr. dor. 125 fr.

Ce beau volume aux armes du cardinal de ROHAN, contient trois grandes cartes explicatives.

7. **Nordberg** (J.-A.). Histoire de Charles XII, roi de Suède, traduite du suédois de Monsieur J.-A. Nordberg. *La Haie, Jean-Martin Husson*, 1742; 2 vol. in-4; mar. vert, fil., dos ornés, tr. dor. (*Padeloup*). 750 fr.

Portrait et vignettes par *Schley*. Bel exemplaire aux armes de MADAME DE POMPADOUR.

8. **Office** (L') de saint Antoine abbé, selon le rit de l'ordre de Citeaux, composé par l'ordre de Son Altesse Sérénissime Madame de Bourbon-Condé, princesse du sang, abbesse de Saint-Antoine-lez-Paris, pour les dames religieuses de ce monastère. *Paris, Quillau* 1725; in-8, mar. noir, doublé de mar. rouge, large dent. sur les plats, dos orné, tr. dor. (*Rel. anc.*). 200fr.

Bel exemplaire réglé contenant les différents offices de Saint Antoine avec la musique notée. Armes sur les plats.

9. **Ordonnance** de Louis XIV, roy de France et de Navarre, donnée à Fontainebleau au mois d'août 1681, touchant la marine ; in-4, mar. rouge, plats à la *Duseuil*, dos orné, tr. dor. 150 fr.

Aux armes de COLBERT.

10. **Ottieri** (F.-M.). Istoria delle guerre avvenute in Europa e particolamente in Italia per la successione alla Monarchia delle Spagne dall'anno 1696 all'anno 1725. *Roma, Rocco Bernabo*, 1728; 7 vol. in-4, mar. rouge, fil., dos ornés, tr. dor. (*Rel. anc.*). 350 fr.

Aux armes de MARIE-ADELAÏDE, fille de Louis XV.

11. **Ozanam**. Cours de Mathématiques, qui comprend toutes les parties de cette science les plus nécessaires à un homme de guerre, par M. Ozanam. *Paris, Jombert*, 1693. — La Trigonométrie rectiligne et sphérique, par Wlac, corrigée par Ozanam. *Paris, Jombert*, 1720. Ens. 2 vol. in-8, mar. rouge, dos orné, fil., tr. dor. (*Rel. anc.*) 150fr.

Exemplaire aux armes du Dauphin, fils de Louis XV.

12. **Synodus** parisiensis de imaginibus. Anno Christi 824. Synodus ecclesiæ gallicanæ habita durocortori remor. Sub Hugone A. et Roberto Francor. reg. Francofurti, apud heredes Andreæ Wecheli, Claudium Marnium et Ioannem Aubrium 1596-1600; pet. in-8, mar. olive. 100 fr.

Aux armes et au chiffre de J.-A. DE THOU et de sa première femme.